中国人要知道的中国事儿

英雄卷

李树强 编著

华夏出版社

图书在版编目（CIP）数据

中国人要知道的中国事儿·英雄卷 / 李树强编著. — 北京：华夏出版社，2013.10
ISBN 978-7-5080-7771-0

Ⅰ.①中… Ⅱ.①李… Ⅲ.①中华文化－青年读物 ②中华文化－少年读物 ③英雄－生平事迹－中国－青年读物 ④英雄－生平事迹－中国－少年读物 Ⅳ.①K203-49 ②K82-49

中国版本图书馆CIP数据核字（2013）第184419号

中国人要知道的中国事儿·英雄卷

作　　者：李树强
责任编辑：李春燕
封面设计：锋尚设计

出版发行　华夏出版社
经　　销　新华书店
印 装 厂　北京汇林印务有限公司
版　　次　2013年10月第1版　2013年10月第1次印刷
开　　本　720×1000　1/16
印　　张　14
字　　数　222千字
定　　价　29.80元

华夏出版社　网址：www.hxph.com.cn　地址：北京东直门外香河园北里4号　邮编：100028
若发现本版图书有印装质量问题，请与我社营销中心联系调换。　电话：(010) 64663331（转）

目录 CONTENTS

- 1 / 神话与传说中的伟人们
- 5 / 大禹治水
- 9 / 兴周灭商的周文王和周武王
- 14 / 春秋第一相——管仲
- 18 / 楚国第一名臣孙叔敖
- 22 / 一代名将伍子胥的复仇之路
- 26 / 西门豹治邺
- 30 / 商鞅变法
- 34 / 赵武灵王与"胡服骑射"军事改革

- 40 / 最会投资的商人吕不韦
- 44 / 秦始皇统一六国
- 48 / 力能扛鼎、气压万夫的悲情英雄——项羽
- 51 / 创造第一个平民登基神话的汉高祖刘邦
- 55 / 西汉开国功臣陈平
- 60 / 叔孙通订朝仪
- 64 / 英年早逝的才子贾谊
- 68 / 汉武大帝刘彻
- 72 / 军事天才霍去病

76 / 恢复先祖荣光的汉光武帝刘秀
80 / 班超投笔从戎
84 / 卫温开发夷州
88 / 一代奸雄曹操
93 / 呼风唤雨的千古良相诸葛亮
97 / "近四十年不与女人同房"的另类皇帝梁武帝
102 / 北魏孝文帝改革
106 / 一代明君唐太宗李世民
111 / "贞观之治"的主要缔造者之一——房玄龄

114 / 唐太宗的镜子——魏征
119 / 至尊红颜武则天
123 / 一代名相狄仁杰
127 / 功过突出的一代帝王唐玄宗
133 / 柳宗元被贬
137 / 赵匡胤黄袍加身
141 / 北宋名臣寇准

146 / 王安石与熙宁变法

151 / 抗金英雄岳飞

155 / 改天换地的完颜阿骨打

159 / 一代天骄成吉思汗

163 / 才华横溢的耶律楚材

168 / 开拓疆域、建元一统的忽必烈

173 / 放牛皇帝朱元璋

177 / 张居正与万历新政

182 / 开辟大清江山的努尔哈赤

187 / 缔造封建盛世王朝的康熙皇帝

193 / 林则徐虎门销烟

197 / 魏源与《海国图志》

202 / 康有为与昙花一现的百日维新

206 / 推翻封建制度的先锋——孙中山

211 / 民族之魂鲁迅

215 / 改变历史进程的少帅张学良

華夏

神话与传说中的伟人们

神话是指叙述人类演化的初期所发生的故事，而且承传者对这些事件、故事必须信以为真。而传说则是由神话演变而来但又具有一定历史性的故事，是最早的口头叙事文学之一。

马克思说，神话是"用想象和借助想象，以征服自然力、支配自然力、把自然力加以形象化"。在世界文化中，许多民族在氏族社会时期几乎都出现了一些关于创世英雄的神话，而中国也不例外。中国古代的神话非常丰富多彩，有的解释世界的起源，有的反映人类与大自然的斗争，有的勾勒出原始社会的生活和部族之间的斗争，而这大量的神话有很多都保存在古代的著名著作中，例如《山海经》、《庄子》、《楚辞》等书中都有记载。

神话一般可分为三种类型：开辟神话、自然神话和英雄神话。

说到开辟神话，盘古开天辟地就是典型的例子。传说遥远的古代，宇宙一片混沌，没有天，没有地，也没有白天黑夜，没有日月星辰，盘古生在这大鸡蛋般混沌的世界之中，觉得非常憋闷。很快，盘古便不能忍受黑暗，于是他拿起神斧劈向四方，将天地劈开，使天空逐渐高远，使大地逐渐辽阔。为了不让天地再次合起来变成那个憋闷的混沌世界，盘古头顶天、脚蹬地，继续施展法术，让天地之间的距离越来越远。每当盘古的身体长高一尺，天空就随之增高一尺，就这样，经过了一万八千多年的努力，盘古变成了一位顶天立地的巨人，而天空也升得高不可及，大地也变得厚实无比。从此，美丽绚烂的新世界诞生了。

丰富多彩的新世界诞生后，盘古已经耗尽了全身力气，他缓缓地睁开双眼，看到面前的新世界，知道天地不会再合上了，于是他长长舒了一口气，

唐代《伏羲女娲图》

满怀深情地望了望他亲手创造的世界，永远地倒下了。

伟大的创世英雄盘古死后，他的身体并没有消失。盘古临死前呼出的气变成了春风和云雾；他的声音变成了空中的雷声；他的左眼变成了照耀大地万物的太阳；右眼变成了照亮夜空的月亮；他的头发变成了天空中的繁星；他的牙齿变成了金属和石头；他的肌肉变成了万物赖以生存的千里沃野；他的骨骼变成了花草树木；他的鲜血变成了奔流的江河湖海；他的汗水变成了滋润万物的雨露；他的筋脉变成了大道、小路；他的精髓变成了闪亮的珍珠。盘古倒下时，他的头化作了东岳泰山；他的脚化作了西岳华山；他的左臂化作南岳衡山；他的右臂变成了北岳恒山；他的腹部化作了中岳嵩山。传说盘古的魂魄也在死后变成了人类，所以说人类是世界上的万物之灵。

《广博物志》卷九行《五运历年纪》这样记载："盘古之君，龙首蛇身，嘘为风雨，吹为雷电，开目为昼，闭目为夜。死后骨节为山林，体为江海，血为淮渎，毛发为草木。"

神话中的盘古有打破黑暗的勇气，有牺牲自己成就新世界的牺牲精神，他的创世功绩无人可与之相比拟，他的高大形象在人类一代代的传颂中屹立不倒。

女娲补天是又一则关于人类创世的神话，传说女娲用黄泥造人，后来人们过上了安居乐业的生活，到处一片祥和景象，但是很快这种祥和就被打破了。共工（中国古代神话中的天神）与颛顼（五帝之一）争帝位，掀起了一场血雨腥风，两人的斗争导致天柱折，天破了大洞，一时间灾难迭起，地球两极颠倒，九州裂，天倾西北，地陷东南，洪水泛滥，大火蔓延，人民流离失所，地球上的生物濒临灭绝。看到自己的子民们陷入如此巨大的灾难之中，女娲十分心痛，她决定炼石补天以拯救苍生。

女娲走遍四海，踏遍群山，要找一个合适的地方开始她炼石补天的神圣工作。后来，女娲终于找到了一个绝佳位置——天台山。为什么说天台山是炼石补天的绝佳位置呢？因为它是东海上的五座仙山之一，而只有这天台山才出产炼石用的五色土，因此是炼石补天的绝佳位置。

女娲在天台山上用巨石做成了火炉，取来炼制五色石的原料——五色土，又借来太阳神火，用九天九夜炼成了36501块五彩巨石，然后又

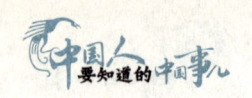

用36500块五彩巨石将天补好，剩下的一块遗留在了天台山中汤谷的山顶上。

天补好后，女娲面临着另一个难题，如何才能找到能支撑四极的柱子，如果没有柱子支撑，天就会塌下来。女娲苦苦思索，后来将目光放在了背驮五座仙山的神鳌身上，情急之下，女娲将神鳌的四只脚砍了下来支撑四极。可是没有神鳌负载天台山，天台山也会沉入海底的，于是女娲又将天台山移到了东海之滨的琅琊，即今天日照市涛雒镇一带。后来，人们将天台山上被砍了脚的神鳌和补天剩下的那块五彩石叫做太阳神石。

女娲补天成功以后，天地定位，各种灾难停息，世间又恢复了祥和宁静，人们在天台山上唱歌跳舞，庆祝女娲补天成功，而且还在天台山下修建了女娲庙，世代供奉朝拜救世英雄女娲。

伏羲像，伏羲与女娲同被尊为人类始祖

跟女娲一样，另外一个英雄人物也是救世英雄，他同样因为阻止了灾难、救万民于水火之中而被世人称颂，他就是三过家门而不入的"工作狂"——大禹。关于大禹这个救世英雄的故事，我们后面详细来说。

古老的传说中充满了神话色彩，后来又加了很多后人的附会，自然不完全真实。但它们却真实、形象地反映了我们中华民族勤劳、勇敢和智慧的光荣传统，说明人类社会的最初文明是经过艰苦斗争创造出来的。我国各种神话大多闪耀着积极浪漫主义的艺术光辉，这说明，虽然远古时代生存条件恶劣，但是劳动者在困难和暴力面前充满了勇气，是真正的英雄。

大禹治水

远古时期的中华大地，森林茂密，草原密布，土壤肥沃，无数大江大河纵横交错，分布在广大的华夏大地上，无数的湖泊沼泽就像星辰一样多，它们散布在各地，和江河一起养育着中华儿女。但是，随着人口不断增加，人们为了生存，大量开垦土地种植农作物，大量砍伐树木盖房置业。这样一来，森林覆盖面积逐年减少，水土流失越来越严重，河流决堤，洪水泛滥。洪水淹没了田地庄稼，冲塌了房屋，淹死了牲畜，逼得人们逃到山上去找洞穴避难。洪水时涨时退，人们根本无法耕种，流离失所，生活在水深火热之中。而"大禹治水"的故事正发生在这个关键的历史时刻。

当时的人口主要集中在黄河流域，水患也以黄河流域最为严重。特别是有一次黄河大泛滥，田地被淹没了，庄稼被冲毁了，房屋被冲塌了，牲畜被淹死了。洪水泛滥时，人们不得不四处躲避，旁边有高山的迁往高山，其他的只能在树上生活。好不容易洪水消退，人们下来一看才发现，自己半年辛苦种的庄稼全被洪

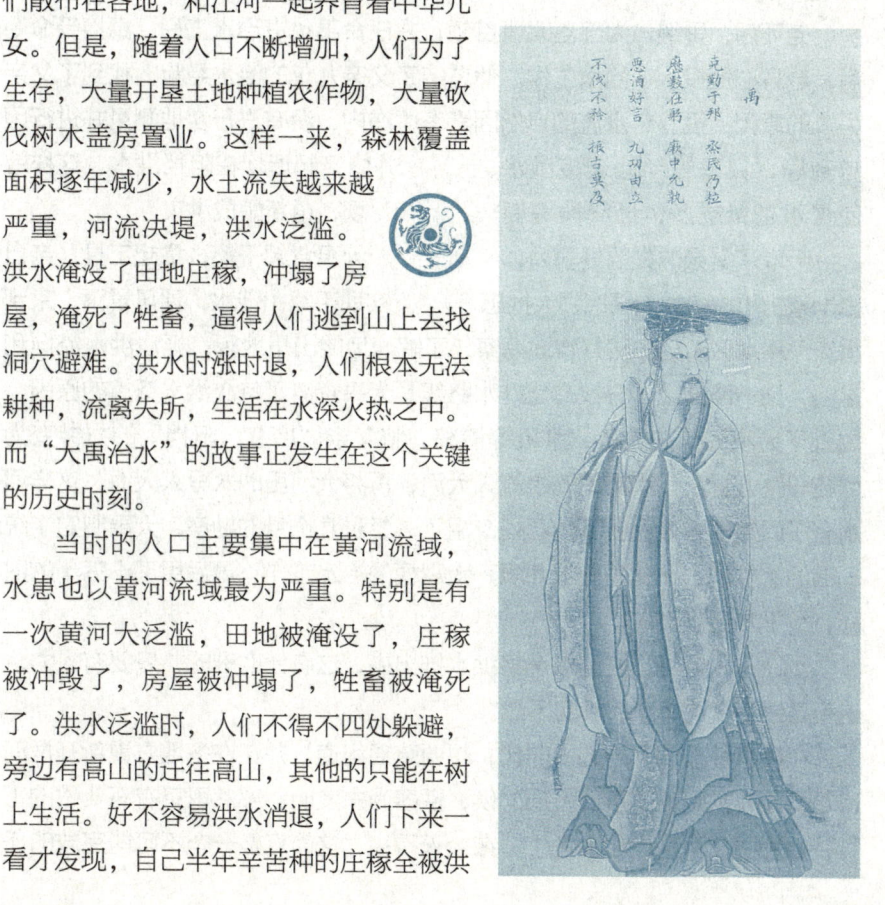

大禹像

水毁了。人们好不容易整理好家园，重新种下生存的希望，洪水又来了。就这样，反反复复，人们根本无法正常生活，许多人因为无法耕种，没有食物可吃而被活活饿死，实在是苦不堪言。当时的首领尧看见百姓生活得如此凄惨，立马召集四方首领召开会议，会上大家一致推举黄帝的后代鲧（gǔn）为治水首领。

传说禹生在氏族制后期的尧舜时代，是鲧的儿子，黄帝的玄孙。鲧接受任命之后，采用古老相传的筑堤防水的方法治水，试图通过加高堤坝的方式阻挡凶猛的洪水，以此保护部落的百姓和土地。然而，越聚越多的洪水是无法阻挡的，当再一次冲毁堤坝时，洪水变得更加凶猛，人们的损失甚至比以前更严重了。最终鲧辛辛苦苦治水九年，却不得不以失败而告终。尧大怒之下，赐死了鲧，任命禹为治水首领。

尧死后，舜继位为部落联盟首领，并任命禹负责治水工程。禹接受命令后，全身心地投入了治水工作。他总结了父亲九年的治水经验，找到了父亲失败的原因：没有将水流的自然因素考虑在内，没有进行实地测量并进行因势利导，只是被动地迎接洪水，并修筑起堤坝在阻挡洪水，这样就使得水越聚越多，最终冲垮堤坝，重新酿成洪灾。

吸取了父亲的失败经验后，大禹背起干粮，拿起工具，亲自去勘察山川地势。大禹率领大批忠实助手跋山涉水，顶风冒雨，来到洪灾严重地区对地形进行实地勘察，了解当地的山川地貌，弄清洪水流向和走势，又一路向上，寻找最佳排水路线。大禹查清了每次洪水泛滥的原因，调查了大小河川的流向、水量等情况，将父亲"堵塞、阻挡"的方针变为"疏导"方针，让小沟里的水流入大河，再将大河里的水导入大海，这样河水有了固定的去处，就不会四处泛滥了。经过几个月的勘察，大禹制定了统一的治水规划，在此基础上才展开大规模的治水工作，最后用了十三年的时间，终于制服了洪水。

也许有人会想，挖沟筑渠将洪水排出去，这有什么难的，只要有人力，这个事情不就简单了，其实不然。

在技术极端低下的远古时代，想要疏通河道，并在许多地方重新开凿河道是一件非常困难的事情。那时候，铁器尚未发明，部落里只有石头做的工具，更别说什么现代化设备了，在今天看来，这简直是一个不可能完成的任

务。然而，就在这情况下，大禹率领硬是凭着这些粗糙了治水的征程。在并没有只指挥其他作则，亲自参加劳种条件极端困难的各部落的青壮年，简陋的工具，开始治水过程中，大禹人干活，而是以身动。每天，大禹和其他人一样早早起来，拿着工具挖渠，扛着石头筑坝。晚上，等别人休息的时候，他又忙着制订计划。就这样，大禹起得和别人一样早，睡得比别人迟，没日没夜地坚持工作，不论狂风暴雨、烈日严寒，他都没有停下治水的脚步。腿上的汗毛磨光了，脚上磨出了厚厚的老茧，他不在乎；劳动时发簪掉了，他顾不上去捡；晚上研究河道，眼睛困得睁不开了，他强忍着。整整十三年，大禹就是这么走过来的。

黄帝像

离开家治水时，大禹才新婚四天，他顾不得新婚燕尔，离开温柔乡投入了工作，甚至在妻子生孩子的时候，他也没有停下手中的工作回趟家，而是强忍着思念，留在了治水的最前沿。十三年间，大禹三过家门，却没有停下脚步去看看家里人。十三年，他将自己的全部精力投入了治水。终于，经过大禹和无数百姓的辛勤劳动，他们将桀骜不驯的黄河驯服了，让它乖乖地流向了大海，再也不能肆意横流了。

在这十三年里，大禹不仅负责着治水，还时时刻刻关注着民生。水患每治理到一个地方，大禹就去拜访那个地方的部落首领，和他一起探讨如何利用水源，如何将水患变为水利。例如，大禹发现洪水过后，被淹的土地非常肥沃，于是他就选好种子，亲自学习并指导百姓耕种，让肥沃的土地得到充分利用，让这些深受洪水迫害的百姓看到美好生活的希望。除此之外，大禹还鼓励百姓上山打猎，下水捕鱼，将畜牧业和渔业也搞得有声有色。等到水患清除，那些曾经受灾的百姓已经重新过上了好日子。

大禹治水十三年，帮助百姓恢复生产，这让他的威信达到了空前的高度，在神圣的祭祀仪式上，帝舜向天下万民宣告治水的成功，并将一块黑色的玉玦赐给大禹，以表彰他治水的功绩。不久，在部落大会上，帝舜又封大禹为"伯"，以夏（今重庆万县市）为其封国。百姓们听到大禹被封赏的消息，高兴地说："这是应该的啊！如果没有大禹，我们早就变成洪水中鱼虾的食物了，哪里还能活在世上啊！"帝舜听到百姓的评价，对大禹大加称赞，说："禹啊禹！你是我的胳膊、大腿、耳朵和眼睛。当我想为民造福的时候，有你辅佐我。当我想观察天象，知道日月星辰、制作文绣服饰，有你谏明我。当我想听六律五声八音来治乱，宣扬五德的时候，有你帮助我。而且你从来不当面阿谀我，背后诽谤我。你用自己的真诚、德行和榜样的力量，让朝中变得清正无邪。你发扬了我的圣德，这些功劳实在是太大了！"

禹就是这样以身作则，吃苦耐劳，带领着各氏族部落的人民治服了滔滔洪水，使中原地区的人民得以安居乐业，免受水患之苦，人民对大禹治水的丰功伟绩无不交口称赞。大禹治水的精神集中华民族的勤劳、朴实和智慧于一身，为后世人们留下了光辉的榜样。舜死后，禹就被部落联盟推举为首领，以安邑（今山西省夏县）为都城，国号夏。建国后，禹将天下划定为九州，又收取天下的铜，铸成了九鼎，作为天下共主的象征。

兴周灭商的周文王和周武王

在原始社会，泾水、渭水流域有一个周部落，这个部落历史悠久，大概是与夏、商等同时的最早的大部落，同是在尧舜时期形成，以游牧为生。周部落的始祖后稷名弃，弃的四世孙公刘时，公刘将部落迁居于豳（bīn，今陕西省旬邑县一带）。后来，政权传到了古公亶父手里，为了避免与戎、狄等部落发生战争，古公亶父于约公元前12世纪率领族人迁徙到岐山下一片肥沃的土地——周原（今陕西省岐山县东北）定居下来，并不断发展壮大。

古公亶父的儿子季历被商（公元前1152年—前1056年）王帝乙杀掉后，季历的儿子姬昌继位，统治周国，后人尊称姬昌为周文王。

姬昌被商纣王封为西伯侯，虽然与九侯和鄂侯一起被列为商王朝的三公，但并不被商王朝看重。对此，姬昌并不在乎，而是勤于政事，对自己要求十分严格，处理政务经常废寝忘食。

跟商纣王的暴政形成鲜明对比，周文王姬昌非常注重实行仁政。当时商纣王发明了炮烙之刑，这个刑法是让犯人在涂满润滑油的铜柱上行走，犯人一滑倒便会掉在火坑里，顿

周文王姬昌像

时皮烂肉焦。如此残忍的酷刑，商纣王的宠妃妲己却像看喜剧一样开心，每次看见犯人掉进火坑里悲惨死去就会笑个不停，商纣王为了博得美人一笑，就一直实行炮烙之刑。对商纣王的这种残暴统治，各诸侯和人民无不痛恨得咬牙切齿，周文王也不例外。后来，周文王想利用这个刑法进一步争取民心，于是，周文王便主动提出愿意献上周国洛河西岸的一块土地，条件是商纣王废除炮烙之刑。商纣王一听，这笔买卖很划算，于是就同意了周文王的请求。周文王借此大肆宣传，诸侯和百姓都称赞周文王功德无量。虽然损失了一块土地，但是周文王得到了广大诸侯的拥护，这为他以后兴周灭商创造了有利的条件。

周的实力日益壮大，这无疑是对商王朝的极大威胁。崇侯虎对商纣王说："西伯侯姬昌行善积德，各诸侯国和广大百姓都很拥戴他，这样下去，姬昌的威望必定会威胁到大王您的统治。"于是，商纣王便听了崇侯虎的话，借周文王有过不满商纣王残杀九侯的言论，将周文王召到朝歌，并将他囚禁起来，来限制周的发展。

周臣闳夭等人为了营救周文王出狱，广泛搜寻美女、宝马、珠玉献给商纣王。商纣王见状大喜："仅此一物（指美女）就足够了，何况宝物如之多！"商纣王下令赦免了周文王，并赏给他弓、矢、斧、钺，授权他讨伐不听命的诸侯，这就是历史上所说的周文王"羑里之厄"。

被囚已有七年之久的周文王回到周国后，又开始废寝忘食地处理政务，决心要推翻商纣残暴的统治。借鉴先人的治国经验，周文王一面大力发展农业生产，一面礼贤下士，广招人才，一时间，散宜生、鬻子、辛甲等贤人都来归顺。由于周国的强盛，附近一些诸侯国都纷纷前来归附。

为了使周变得更加富强，周文王到处寻访贤才，费劲了心思。后来，周文王听说在渭水南岸有一位垂钓的老人十分有才能，便亲自前往拜访。在和老人交谈的过程中，老人的远见卓识和政治胆略深深地打动了周文王，周文王认为这位老者一定是一位大贤，而且正是他苦苦寻找的治世贤才，于是便诚心邀请他加入周，并亲自为老人拉车，以示对老人的尊重。回到王宫后，周文王立即拜这位老人为丞相，而这位老人就是历史上赫赫有名的太公吕望。太公姓姜，名尚，字子牙，因其祖先在舜时做过官，又曾与禹一起治

水，立下大功，被又姓吕。

由于家道中落，姜子牙在年轻时当过屠夫，卖过酒，长期接触下层穷苦百姓，所以对世态人情十分了解，再加上他勤奋好学，不断探究古今政治演变和军事斗争的成败得失，终于成为了一位满腹经纶的智者。

姜子牙像

周文王自从请来姜子牙之后，什么事情都与他商量，并听从姜子牙的话，用种种计谋动摇商朝的统治基础。他们拉拢商的敌人，打击商的同盟，表面上虽然服从商王朝，但实际在削弱商王朝的势力。

周文王听从姜子牙的建议，对西部的少数民族大举征伐，灭掉了犬戎，消除了后顾之忧，然后又东渡黄河，灭了黎国和崇国。在不断的对外战争中，周抓获了大量俘虏，这些俘虏被贬为奴隶，从而周的奴隶制得到了极大发展。自此以后，周的政治、经济、军事力量超过了商，三分天下，周有其二。周的强大实力，将末路的商王朝慢慢推向了灭亡的深渊。

但是，遗憾的是，周文王没有来得及完成灭商的大业，便得病去世了。他的二儿子继承了王位，这就是周武王姬发（公元前1087年—前1043年）。武王继位后，继续拜姜子牙为丞相，并尊称姜子牙为"亚父"，以此表示对姜子牙的尊重。随着周的实力越来越强大，商朝却越发腐败，商朝的许多大臣、武将由于看不惯商纣王的残暴行为，纷纷转投周。

在社会矛盾最尖锐的时候，姜子牙向武王建议讨伐商纣王。周武王听从了姜子牙的建议，联合各路诸侯共同讨伐商纣王。在各路诸侯的联合大军的攻击下，商朝溃不成军，诸侯联军一路势如破竹，一连攻破商的三十六道关卡。最后，周武王在牧野驻扎下来，准备在这个地方与商朝决一死战。在各路诸侯的紧逼之下，商朝聚集残余军队，与诸侯联军在牧野展开了最后一战，最终，以周为首的诸侯联军取得了胜利，而商纣王也在鹿台自焚而死。在进入朝歌（位于今河南省淇县）之后，武王十分感慨地说："殷纣王逆天

周武王姬发像

而行,导致了王朝的毁灭,我们千万不能这么做啊!"

从朝歌返回镐京(位于今陕西省西安市长安区西北)时,周武王为解决商朝遗民问题伤透了脑筋,因为一时无法想出一个好的方法,武王整夜睡不着觉。武王的弟弟周公旦给武王出了主意,让武王采取怀柔政策,将商朝遗民集中在殷地,不改变他们的习俗,并由剩下的商朝贵族来管辖他们。周公旦的建议给了周武王很大启发,他决定在全国施行相似的方法。

武王即位后,他大封诸侯,分封制的雏形形成。在历史上被称为"封邦建国"的分封制对周朝的统治起到了很大的维系作用。

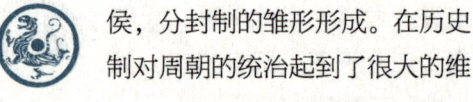

在对待商朝遗民时,周武王采取了分而治之的策略,他把包括商都在内的三个地区划分给不同的人,其中将北面封给商纣王之子武庚,东面封给管叔鲜,西面封给蔡叔度,让管叔鲜和蔡叔度监视商朝遗民,并且负有监视武庚的责任。这是周武王根据周公旦的建议采取的"以殷治殷"的办法。周武王认为,这种方法要比周人直接统治这些前朝遗民要好很多。在商都中,有许多旧贵族十分顽固,他们反对周朝的统治,这给武王带来了很多麻烦。这儿距离周朝的统治中心镐京很远,加之交通不便,统治起来很不方便。为了减少矛盾,周武王让商纣王的儿子武庚统治这些顽固的旧贵族,同时让管叔鲜、蔡叔度对武庚加强监视,这既能缓和那些前朝旧贵族们对新朝的敌意,也能防止商朝遗民的反抗。事实证明,这种方法确实十分有效。

为了维持周朝的统治,周武王正式分封了许多诸侯国。武王册封的范围十分广泛,包括商朝遗民,一些远古贵族,自己的兄弟叔伯,还有许多有功之臣等。武王将武庚等商朝遗民贵族册封在殷地、商都一带,将神农、黄帝、帝尧、帝舜等人的后裔分别分封在焦(今安徽省亳县)、蓟(今北京一带)、陈(今河南省淮阳一带)等地。与此同时,武王还大肆分封自己的兄弟叔伯,例如封自己的叔叔虢仲、虢叔于西虢(今陕西省宝鸡市一带)、东虢(今河南省汜水县一带),封弟弟叔度于蔡(今河南省上蔡县一带),封叔振铎于曹(今山东省定陶省一带),封叔武于霍(今山西省霍县一带)、封叔鲜于管(今河南省郑州市一带),封周公于鲁地,封召公于燕地等。周武王还将功臣姜子牙封在齐地,而姜氏一族也成为后来齐国的始祖。

周武王分封的每一个诸侯国都具有极大的自主权,如卿、大夫的任免权,征税、征赋、强制人民服兵役及各种劳役的权力等等。 同时,受封者要承担保卫周王室,向周王室贡纳、朝贺等义务。周王对他们享有赏罚予夺的大权。周朝的这种由上而下的分封制,使得国家更为统一,王权更加集中。周武王不仅实现了父亲周文王灭商的遗愿,并且将西周发扬光大,因此,这对父子在历史上一直被公认为一代贤君。

春秋第一相——管仲

管仲（约公元前723年或前716年—前645年），即历史上著名的"管子"，他名夷吾，是春秋时期颍上（今安徽省颍上县）人，是齐国著名的政治家、军事家，周穆王的后代。管仲的父亲管庄曾是齐国的大夫，后来管家家道中落。在管仲小时候，父亲就去世了，家里生活非常贫困。为了挑起养家的重担，管仲和鲍叔牙合伙经商来赚钱养家。因为经商的关系，管仲到过很多地方，接触过形形色色的人，见过世面，积累了丰富的社会经验。后来，管仲从军来到齐国，并几经曲折成为了齐国上卿（即丞相），辅佐齐桓公成为春秋时期的第一霸主，被称为"春秋第一相"，因其做过商人，所以又说"管夷吾举于士"。

管仲像

公元前698年，齐僖公驾崩，留下了太子诸儿、公子纠和公子小白三个儿子。之后，太子即位，尊为齐襄公。齐襄公虽然凭借长子的身份即位，但是他能力低下，品行不端，弄得齐国乌烟瘴气，这使得许多老臣十分担心齐国的前景。管仲当时正在辅佐公子纠，好友鲍叔牙在辅佐公子小白。齐襄公认为公子小白的出身注定了他没有继承王位的希望，所以他对公子小白没有防范，而管仲却不这么认为，他对辅佐公子小白的鲍叔牙

说：" 国人讨厌公子纠的母亲，所以不喜欢公子纠本人。反倒是公子小白，早早丧母，所以国人更容易同情他，我看二人都有雄心，未来齐国的君王，不是公子纠就是公子小白。除了我管仲，没人理解公子小白。假如公子小白即位，就轮到你鲍叔牙大展身手了，所以，好好辅佐公子小白吧！"鲍叔牙听了管仲的话之后，便下定决心尽心辅佐公子小白。

不久，齐襄公与妹妹鲁桓公夫人密谋醉杀了鲁桓公，引起了两国交战，而后管仲和鲍叔牙都预感到齐国将要大乱，都劝自己的主公离国避难。于是公子纠和公子小白分别逃往鲁国和莒国。两位公子逃离齐国之后都选择了静观事态的发展，伺机而动。

公元前686年，齐国爆发内乱，公孙无知杀死齐襄公，自立为国君。一年之后，齐国贵族又杀死公孙无知，齐国处于无人领导的状态，一片混乱。两位公子见到时机成熟，都想急忙设法回国，以便夺取国君的宝座。当时势力最强大的正卿高溪势力与公子小白交好，他们暗中派人急忙前去莒国请公子小白回国继位。公子小白接信后，立马向莒国借了兵车，日夜兼程赶往齐国。鲁庄公知道后，也十分着急，立即派兵护送公子纠回国。因为公子小白已经先出发回国。于是管仲亲自率领兵马到莒国通往齐国的必经之路上截击公子小白。在公子小白的车马走近时，管仲一箭向公子小白射去，随后，管仲见公子小白应声倒下，以为公子小白已死，就率领人马回去了。其实公子小白没有死，管仲这一箭射在了他的铜制衣带钩上，公子小白急中生智，咬破舌尖倒下装死。等管仲等人离开后，公子小白连夜向齐国赶去，到达齐国后，公子小白顺利地登上了王位，他就是历史上著名的齐桓公。

管仲与公子纠错误地认为公子小白已死，再也没有人与公子纠争夺王位了，于是便悠闲自在地向齐国走去，等到了齐国才发现，公子小白已即位为新君，于是他们只好逃往鲁国。

齐桓公即位后，决定寻访贤才来辅佐他治理齐国。对于帮助自己登上王位的大功臣鲍叔牙，齐桓公准备任命他为上卿。但鲍叔牙却十分谦逊，他对齐桓公说："我才能平庸，您让我当上卿，我十分感动，但是想要使齐国变得富强，我是不行的，现在齐国只有管仲能够做到。"齐桓公生气地说："难道你不知道他是我的仇人吗？"鲍叔牙苦口婆心地劝齐桓公道："当时管仲刺杀您,是因为他的主公是公子纠而不是您,命令也是公子纠下的,如果您能够既往不咎并委以重任,他一定会像忠于公子纠一样为齐国效忠。"齐桓公听完鲍叔牙的这番话,决定原谅管仲,将其招致麾下。

得知管仲和公子纠躲在鲁国,齐桓公便以武力逼迫鲁国杀了公子纠,交出管仲。在齐国的强大压力下,鲁庄公杀死了公子纠,并将管仲擒住交给齐桓公发落,以期退兵。

回到齐国后,管仲因为公子纠被杀一直十分悲痛。看着眼前的形势,管仲觉得自己"定国家,霸诸侯"的理想再也无法实现了,不由得失声痛哭。这时,管仲昔日的好友鲍叔牙出现了,鲍叔牙命令士兵打开管仲的囚车,去掉刑具,又让管仲沐浴更衣,然后诚恳地劝说管仲,希望他能辅佐齐桓公。但管仲对鲍叔牙说:"我辅佐公子纠,没有帮助他登上王位,又没有以死尽忠,心里已经很惭愧了。现在又要我去辅佐仇敌,我会被天下人耻笑的。"鲍叔牙对管仲说:"做大事不拘小节,你有治国之才,大王有称霸的远大志向,假如你能辅佐他,日后必定名扬天下。"

经过鲍叔牙的苦心劝导,管仲答应辅佐齐桓公成就霸业。于是,齐桓公选择了黄道吉日,以非常隆重的礼节亲自迎接管仲,以此来表示对管仲的重视和信任,并且任命他为上卿。

管仲就任上卿之后,注重经济发展,反对空谈主义,主张改革以富国强兵。管仲对齐桓公说:"仓廪实而知礼节,衣食足而知荣辱。只有粮仓充实了,肚子吃饱了,百姓才能学习礼节,才能有荣辱之心。"齐桓公将管仲尊称为"仲父",授权他主管政治和经济。管仲没有辜负齐桓公的信任,一系列改革成效显著,齐国由此国力大振。对外,管仲提出"尊王攘夷",联合北方邻国,抵抗山戎族南侵。这一外交战略也获得成功,齐国由此变得越来越强盛。

公元前684年，齐桓公出兵伐鲁，取得大捷，又先后进攻宋国、谭国、遂国也取得胜利。三年后，在管仲的建议下，齐国与宋、陈、蔡、郑等国在齐的北杏（今山东省聊城市东）会盟，齐国称霸雏形形成。后来，齐桓公又分别在鄄城和幽城会盟，其中在幽城会盟时，周王室也派了人参加。在幽城会盟时，几乎全部中原国家都参加了这次会盟。会上，周天子授予齐桓公侯伯的爵位。从此，齐桓公便成了名副其实的霸主。

公元前651年，周襄王即位，他下令赏赐齐桓公。齐桓公乘此机会召集各路诸侯大会于蔡丘，举行受赐典礼。管仲建议齐桓公向诸侯展示齐国实力，用以威慑诸侯。在大会上，诸侯被齐国的强大实力所震惊，纷纷承认齐国的霸主地位，齐桓公终于名正言顺地成为了中原霸主。这就是历史上有名的"蔡丘之盟"。齐桓公终于达到霸业的顶峰，而管仲最终也实现了自己"定国家，霸诸侯"的理想。

楚国第一名臣孙叔敖

孙叔敖（约公元前630年—前593年），姓孙，名敖，字叔敖，一字艾猎，楚国期思番乡（今河南省固始县中北部）人，春秋时期楚国名臣。孟子在《生于忧患，死于安乐》中写到孙叔敖时，说其"被举于楚国令尹，以贤能闻名于世"。现在，就让我们走近这位流芳百世的贤臣，来看看一代贤臣是怎样诞生的？

当阅读历史时，我们总会发现，有很多名人在他们很小的时候就显示出了与众不同的特质，而孙叔敖就是其中之一，他小时候"杀两头蛇"的故事就显示出了他身上与众不同的气质。

孙叔敖小的时候，有一次去外面游玩，在路上看见了一条长着两个头的蛇，两头蛇吐着长长的舌头，让小孙叔敖特别恐惧。小孙叔敖刚要逃跑，突然想起了自己听过的一个传说：如果遇见两头蛇，则必死无疑。小孙叔敖心想：我如此不幸，看到了这条蛇，那就是天要灭我了，如果别人再看到这条蛇，那又多了几个无辜亡命者。于是小孙叔敖鼓起勇气，拿起石头砸死了这条两头蛇。回到家后，小孙叔敖哭着告诉了母亲这件事，母亲听罢，欣慰地对小孙叔敖说："孩子，你已经把蛇杀死了，它怎么会危害到你呢？你在危难的时候还想着别人，说明你是个品德高尚的人啊！我听说积了阴德的人，上天会给他福气的，你不会死的。"从这个故事中我们可以看出，孙叔敖从小就有为他人着想的高尚品德，无怪乎他在当上楚国令尹（楚相）后能帮助楚庄王施教导民，宽刑缓政，赢得了老百姓的广泛赞许。

每一个政绩斐然的名臣良将背后，往往有一个对他的职业发展产生重要影响的人，而对孙叔敖的职业发展产生重要影响的那个人，是当时的楚国令尹虞丘。在楚庄王下令四处求贤的时候，虞丘对楚庄王说："蔿

（wěi）贾的儿子孙叔敖不但才能突出，智慧过人，而且品德高尚，实在是一位远胜于我的人才啊。"

听完虞丘的话，楚庄王命人去孙叔敖的家乡调查，结果发现乡里的人对孙叔敖都赞不绝口，而他少年时杀两头蛇的故事尤其给楚庄王留下了深刻的印象。楚庄王听完孙叔敖的故事后，立马召见了他。经过一番长谈之后，楚庄王发现孙叔敖确实是一位不可多得的人才，确实是能帮助楚国富强的人。于是，楚庄王当机立断，任命孙叔敖为令尹，主管国内的军政。

孙叔敖雕像

孙叔敖刚上任时，官吏和百姓都来祝贺，孙叔敖家一派喜气洋洋的景象。这时，突然有一位身穿丧服的老人来求见孙叔敖。孙叔敖整理好衣冠，非常隆重地接见了老人，并对他说："我没有那么大的才能，大王却让我担任令尹这么大的官，别人都来祝贺，只有您来吊丧，想必是有什么指教吧？"老人说："对，假如一个人做了大官就骄傲自满，百姓就会离开他；身在高位，如果独揽大权，君王就会厌恶他；如果拿着优厚的俸禄，却不知足，祸患就可能降临到他的身上。"孙叔敖深深地向老人鞠了一躬，诚恳地说："您说得很对，我接受您的指教，您还有其他需要指导我的吗？"老人说："地位越高，态度就应当越谦恭；官职越大，做事就应当越小心谨慎；既然待遇已经很好了，就不应该想着去用别的手段索取财物。你只要记住这几点，就能够把楚国治理好。"孙叔敖说："您的金玉良言，我一定会时刻放在心上。"

孙叔敖任令尹后，主张"施教于民"、"布政以道"，他极为重视民生、经济，制定实施了有关政策法令，尽力使农、工、商得到发展。因此，他在任期间，政治清明，人民安居乐业，社会安定。

当时的楚国通行贝壳形状的铜币，叫做"蚁鼻钱"。楚庄王嫌它重量太轻，于是对币制进行了改革，把"蚁鼻钱"改为大币，结果导致市场混乱，很多人因为兑换货币而破产，其中以商人受损最为严重，许多商人另谋出

路，市场陷于瘫痪状态。百姓也对这种政策十分不满，纷纷离开城市到乡下去生活。孙叔敖了解到这种情况之后十分着急，他认为"便民为要"，所以急忙向楚庄王建议取消大币制度，恢复原来的币制。楚庄王听了孙叔敖的建议后才发现币制改革造成了如此大的危害，于是下令恢复旧币制。不久之后，市场又变得欣欣向荣，许多百姓又迁回城市，商人又重新开始经商，孙叔敖也因此事受到了百姓的赞扬。

此外，孙叔敖对农业生产也十分重视，在他刚任令尹的时候，楚国正处于内忧外患之中，政令不能通行。基于这种情况，孙叔敖制定了息兵安民、除患兴利、发展生产的政策，并上书楚庄王请求执行。

当时，淮河以南的寿春是楚国的主要粮食产地之一，但是这里连年水灾，严重影响了农业生产，百姓苦不堪言，也阻碍了楚国的发展。从小在水乡长大的孙叔敖深知水患的危害，便亲自负责水利设施的修建。孙叔敖在淮河流域察看了大片农田的旱涝情况，又翻山越岭，勘测大别山的水源。最终，孙叔敖决定在淮河流域疏沟开渠，洼地除涝，高地防旱；又征集大量民力，根据当地地形，合理布置工程，大规模围堤造陂，修建了举世闻名的芍陂。芍陂的建立，不但解除了淮河水患，也使寿春一带的粮食大丰收，推动了楚国经济的发展，有力地支持了屯田积谷济军政策，对楚国乃至后世经济的发展起到了巨大的推动作用。除芍陂外，孙叔敖在期思、雩（yú）娄（今河南省固始县史河湾试验区境内）建成了中国最早的大型渠系水利工程——期思雩娄灌区（期思陂），在汉西利用沮水兴修水利，还在江陵境内修筑了大型平原水库"海子"，兴建安徽霍邱县的水门塘，治理湖北的沮水和云梦泽，这些措施都极大地促进了楚国的农业发展。

除此之外，孙叔敖还鼓励百姓在秋冬季节上山伐木、采集，等到春夏雨水多的时候运出山外，可以自己用，也可以用来交换。因为孙叔敖的一系列利国利民的措施，楚国出现了一个"家富人喜，优赡乐业，式序在朝，行无螟蟘（míng yù，危害禾苗的两种害虫），丰年蕃庶"的繁荣时期。

除了治理国家之外，孙叔敖还是一位优秀的军事家，他根据楚国的实际情况，重新确立了军法，对军队的各个方面都做了明确规定，并迅速运用于日常训练和实战当中。公元前598年，楚庄王决定在诉地（今河南省正阳县

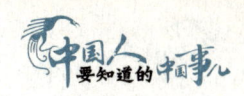

一带）修筑城池，由于孙叔敖用人得当，计划周密详细，物资准备充足，一个月就完成了任务。第二年，楚国与晋国在邲大战，孙叔敖辅助楚庄王指挥了这场战斗。战斗刚开始，孙叔敖就鼓动楚军勇猛冲击，一鼓作气，冲到晋军阵营，打了晋军一个措手不及，结果晋军迅速溃败，逃到黄河以北。后来，陈、郑、鲁、宋等国放弃了晋国，选择与楚国结盟，中原霸主的地位便转向楚国，楚国终成春秋五霸之一。

由于行政、治军有功，楚庄王曾多次重额封赏孙叔敖，可是孙叔敖每次都坚决拒绝。孙叔敖是名副其实的清官典范，作为楚相，他的地位在一人之下万人之上，但是他轻车简从，吃穿简朴，他的家人也穿戴十分简朴，据说连他家的马都不吃粟。孙叔敖为官多年，家中却没有积蓄，临终时，连棺椁都没有准备。他死后，儿子穷得穿粗布破衣，靠打柴度日。楚庄王给孙叔敖的俸禄越丰厚，孙叔敖对民众的施予就越广博。有这样一位做官为民、厚施博爱的好宰相，真是楚国人民的福气啊！

一代名将伍子胥的复仇之路

伍子胥（？—公元前484年），名员，字子胥，楚国人，春秋末期吴国大夫、军事家、谋略家。伍家曾是远近闻名的名门望族，伍子胥的祖父伍举是楚庄王时期的重臣，以刚直敢言、勇于谏诤闻名远近，伍子胥的父亲伍奢在楚平王时期任太子太傅。周景王二十三年（公元前522年），由于费无忌对太子建的陷害，楚平王怀疑太子勾结诸侯企图篡位谋反，迁怒于太子太傅伍奢，伍奢被捕。伍奢有两个儿子——伍尚和伍子胥，费无忌担心伍奢的儿子将来会替他报仇，所以想斩草除根，于是召他们过来，说只要他们来了就放过伍奢，如果不来就马上杀了他。伍子胥兄弟俩心里都非常明白，此行肯定是有去无回，但是哥哥伍尚不忍心父亲独自受死，又怕自己报不了仇，被人耻笑，所以毅然前往。

伍子胥生性好强，青少年时便文武双全，有勇有谋，他知道父兄终不能免于一死，便想着先逃命，以图将来能为父兄报仇。可是，此时的伍子胥已经成家立业，要逃命必定要拖家带口，这样就会拖延逃跑的时间，很可能最终被费无忌抓回去。如果不带着妻子家人逃跑，他们必定会惨遭楚军杀害。伍子胥正在烦恼时，他的妻子对他说："大丈夫含父兄之冤，如割肺肝，何暇为妇人计耶？子可速行，勿以妾为念！"说完这些话以后，伍子胥的妻子竟然走进里屋上吊自杀了。伍子胥悲痛欲绝，他深知妻子的深厚期望，于是他草草将妻子掩埋后便逃向宋国。结果，伍子胥离开不到半日，楚兵就来捉伍子胥了。

伍子胥听说太子建逃到了宋国，于是也追随太子建来到了宋国，可是不料宋国发生内乱，于是伍子胥又带着太子建和其儿子公子胜来到了郑国。太子建想请郑国国君郑定公帮他出兵攻打楚国，可是郑定公没有答应。太子建报仇心切，于是勾结了郑国的一些大臣想推翻郑定公的统治，结果谋反计划失败，太子建被郑定公杀害。无奈，伍子胥又连忙带着公子胜逃往吴国（吴国的都城在今江苏省苏州市）。

　　伍子胥带着公子胜逃到昭关下时，被昭关守将挡在了关外，无法继续前行了，而想去吴国，昭关是必经之路。这时，住在昭关外的扁鹊的弟子东皋公从通缉令上认出了伍子胥，他对伍子胥的遭遇表示同情，所以决定帮他一把。东皋公把伍子胥带到自己家里，好茶好饭地招待他，却一连七日都不谈过关之事。伍子胥心里十分着急，便急切地对东皋公说："我还有大仇未报，这几天在这里耽搁，就好像行尸走肉一般，先生有什么办法能帮我吗？"东皋公说："我已经帮你想到了一条可行的计策，只是要等一个人来配合我们才行。"原来，东皋公有一个好友皇甫讷长相酷似伍子胥，他想让此人来冒充伍子胥过关，可皇甫讷那时并不在家中。当天晚上，伍子胥夜不能寐，他不想在这里耽搁下去了，他想告别东皋公而去，又担心过不了关。若是不离开，不知还要在这里等多久？就这样，伍子胥翻来覆去，身心受到了巨大的煎熬，不知不觉中，天已经亮了。东皋公一见伍子胥，大惊道："你怎么一夜之间头发全白了？"伍子胥一照镜子，果然全白了头，不由暗暗叫苦。东皋公反而大笑道："我的计策成了！几日前，我已派人请我的朋友皇甫讷来，他跟你长得像，我想让他与你换位，以蒙混过关。你今天头发白了，不用化妆，别人也认不出你来，就更容易过关了。"当天，皇甫讷如期到达。东皋公把皇甫讷扮成伍子胥的模样，而伍子胥和公子胜装扮成仆人，四人一路前往昭关。守关吏远远看见皇甫讷，以为是伍子胥来了，传令所有官兵全力缉拿皇甫讷。伍子胥和公子胜趁乱过了昭关，待官兵最后抓到皇甫讷时，才发现抓错人了。但是，官兵都认识皇甫讷，东皋公又与守关长官交好，于是，此事安然过去。

　　离开昭关，伍子胥又被一条大江挡住了去路。伍子胥看见没有船，心中非常焦急。这时，突然从芦苇丛中划出一条渔船，渔翁看见伍子胥的狼狈样子，不问缘由，便帮伍子胥渡过河去。过了大江，伍子胥摘下随身佩带的宝剑答谢渔翁，伍子胥说："这把宝剑是先王赐给我祖父的，值一百两金子。现在送给你，聊表我的谢意。"渔翁说："楚平王为了追捕你，出了五万石粮食的赏金，还答应封书发人大夫的爵位。我不贪图这个赏金、爵位，难道会要你这把宝剑吗？"伍子胥听完这番话，忙向渔翁赔礼道歉，收回宝剑，继续奔向吴国。

到达吴国之后,伍子胥了解到,吴国公子光是一个胸怀大志的人,于是便投奔了公子光。在此期间,伍子胥为公子光出谋划策,派死士刺杀了吴王僚,帮助公子光夺取了王位。

公子光死后,伍子胥辅佐吴王阖闾(hé lǘ)开始了吴国富国强兵的时代。伍子胥重新修订律法,澄清吏治,选用贤能之士为吴国效力,通过奖励农业商业来充实国库,又加强了各处城池的防御。除此之外,伍子胥又向吴王推荐了深通兵法的孙武为将军。数年之后,吴国成为了东南地区赫赫有名的强国。

吴国强盛之后,伍子胥向吴王建议伐楚。根据吴国与周边各国的强弱形势对比及利害关系,吴王认为楚国是现阶段吴国最主要的敌人,于是便作出了伐楚的决定。周敬王八年(公元前512年),楚国朝堂出现内乱,各个掌权大夫只顾争权夺利,使楚国陷入一片混乱当中。这时,吴国把握良机,兵分三路,轮流向楚国发起攻击。吴国采取敌进我退、敌退我进的策略,对楚国进行了长达数年的袭扰。经过数年的战争,楚国国力越发衰退,军士疲惫不堪,这时,吴王下达了全力进攻楚国的命令。伍子胥先是联系与楚国有仇的蔡、唐两国进攻楚国,吸引楚国的注意力,又假装出兵攻越,做出了不会攻打楚国的假象,紧接着又派人到楚国实行反间计,使楚王废除了能征善战的子期,任命贪婪无能的子常为帅。

做好一切准备之后,伍子胥和孙武率领三万精锐士兵直取楚国的郢都。他们采取机动灵活的战术,避开了楚国的主力大军,迅速攻占了郢都,消灭了楚国。进入郢都之后,伍子胥率领军队杀进王城报仇,这时,楚平王已经死了,伍子胥命令士兵刨开坟墓,将楚平王的尸首取出来,鞭尸三百,用以泄恨,这就是历史上著名的鞭尸事件。但是,由于伍子胥怀有强烈的个人复仇愿望,他并没有很好地安抚楚国的民心,楚国军民对伍子胥和吴国军队深怀仇恨,使吴军无法在楚国立足,不得已退出了楚国。

吴王阖闾死前将夫差托付给伍子胥,并封伍子胥为相国,命他好好辅佐夫差,继续壮大吴国。在伍子胥的辅佐下,吴国国力继续增强。在后来的吴、越夫椒之战中,吴国打败了越国,使越国几乎亡国。面对亡国的危机，越王勾践选择了忍辱负重，他将越国最贵的金银珠宝、最美的美女西施都献给夫差，用来迷惑夫差。夫差在接受了越王的献礼之后，拒绝了伍子胥等人灭亡越国的建议。后来，伍子胥多次劝谏夫差消灭越国这个心腹之患，但都被已经迷醉在温柔乡里的夫差拒绝。

孙武像。孙武也是吴王阖闾的重要一将

看到吴王夫差的表现，伍子胥知道，吴国离亡国不远了，于是他将自己的儿子送到齐国的好友那里，希望能给伍家留下血脉。没想到，奸臣伯嚭（pǐ）收了越国的贿赂，对吴王夫差进谗言说伍子胥要造反，将自己的子嗣送往齐国就是为了免除后顾之忧。夫差听后大怒，赐给伍子胥一把剑，命令伍子胥自杀。伍子胥自杀前，愤怒地对旁边的人说："我死之后，请将我的眼睛挖出来悬挂在吴都的东门上，我要亲眼见证越国军队攻进这里。"说完，伍子胥挥剑自刎。伍子胥死后不到十年，越灭吴，终究还是应了伍子胥的预言。

伍子胥一生出将入相，成就了一个国家，两代君王，司马迁曾在《史记》中为他立传。但是，在浩瀚的历史长卷中，相关伍子胥而留下的笔墨跟其成就很不相称。人们对伍子胥的了解，大多是因为广为流传的伍子胥"过昭关一夜白头"和他"鞭尸三百"的故事。伍子胥因为掘开楚平王的坟墓，鞭尸三百的不忠不义留下了话柄。有人说，伍子胥虽然为吴国立下了无数的功劳，但是，对于自己的祖国来说，他是一个罪人，这话说得也有一定的道理。但是，即便如此，谁也无法阻挡伍子胥成为他那个特殊时代的重量级人物。

西门豹治邺

在我国的传统文化中，很早就有了鬼神信仰，这种信仰的核心便是"灵魂不死"的观念。自夏、商、西周到春秋战国时期，整个社会自上而下都信奉"灵魂不死"，尤其帝王们都深信：他们死了，只意味着他们的肉身灭亡了，而他们的灵魂会在另一个世界继续存活，接受子孙后代的祭拜。因此，祭祀就成了上层统治阶级非常重视的一件大事。这种信念自上而下地渗透进了百姓的思想中，因此，古代的大多数百姓非常信奉"神鬼说"，而他们的迷信思想给了一些贪官恶霸欺压剥削他们的机会。战国时期的邺城，一些官吏乡绅借着"河伯"的名义盘剥乡里，使百姓苦不堪言，直到有一天，百姓们的救星——西门豹出现了。

西门豹，战国时期魏国人（今山西省运城市盐湖区安邑一带），生卒年不详。西门豹在魏文侯时期被任命为邺令，是著名的政治家、军事家、水利家，同时他也是一位无神论者。在担任魏国邺县县令的时候，西门豹与当地乡绅展开了一场革除迷信恶习的斗争。

战国时期的邺县在今河南省安阳县和河北省临漳县一带，地处魏国和赵国交界处，虽然地理位置很重要，但是邺县却是一个土壤贫瘠、城镇萧条、人烟稀少的地方，加上连年的水

西门豹像

患灾害,邺城看起来一片荒凉。

当时的魏文侯为了巩固边防,下决心发展邺城,将邺城从贫困的沼泽中拉出来,成为戍卫魏国的一道屏障。经过再三考量,魏文侯决定任命西门豹为邺县的县令。在临行之前,魏文侯嘱咐西门豹说:"放手去干吧,我会支持你的,按照自己的想法去做,不要受什么陈规旧习的影响。"

西门豹谨记魏文侯的话,到达邺城之后,他首先拜访了当地德高望重的人,从他们口中了解了邺城的情况;然后又寻访本地的贤士,诚心邀请他们出山帮助自己;接着他又挨家挨户去了解民意,不论贫穷富贵,都上门调查,了解了邺城的实际情况。西门豹没有被那些居心不良之徒奏折上的谎言所欺骗,而是用自己的眼睛看到了事实。西门豹了解到,实际上,百姓们最怕的不是漳水的泛滥,也不是贫穷的生活,而是"河伯娶亲"。

原来,因为处在两国交界地带,邺城曾经饱受战火摧残,战火平息之后,当地官员没有及时维修设施,恢复生产,结果导致邺城越来越穷。漳河的水利设施年久失修,所以,每逢夏秋雨季,漳河河水就开始猛涨,破烂的堤坝自然无法阻挡凶猛的河水,所以连年的水灾使得邺城更加贫穷。而当地的官员不但没有想办法治水,反而欺骗百姓说:"这是河伯显灵了,以前我们对河伯的尊重和供奉不够,现在他发怒了,所以才连年大水,只要大家诚心供奉河伯,河伯会保佑邺城风调雨顺的。而且,河伯不光喜欢金银财宝,还喜欢美女,所以,以后每年,我们都要将一位美女献给河伯当老婆。"于是,这些官员便和当地的乡绅巫婆勾结起来,以"河伯娶亲"的名义,横征暴敛,大肆搜刮民财。他们把搜刮来的钱财,只有少量用于所谓的"河伯娶亲",其余的通通装进了自己的腰包里。

每到河伯娶亲的季节,巫婆们便跑到贫苦人家去查看,如果发现哪家的女儿长得漂亮,就将她选作新娘,嫁给河伯,而对于富人家的适龄女儿,她们却装作看不见,从来也不选。就这样,穷人家的女儿被抢去之后,巫婆便给她梳妆打扮好,等到河水泛滥的那天,就以河伯显灵,要来娶亲的名义将新娘放入河中,等到新娘沉入河底,巫婆就告诉人们,河伯已经将新娘接走了,来年河伯会保佑邺城风调雨顺的。可是,百姓们每年交钱舍女,漳河却依然泛滥。这时,巫婆又说,河伯嫌贡品不够多,姑娘不够漂亮。于是又借故抬高给"河伯娶妻"要交的"份子钱",而且把穷苦人家的好姑娘都送进了河里。许多百姓害怕自己的女儿被选中,于是纷纷逃离故乡。这就导致邺城的人口越来越少,田地荒芜,百姓的生活越发贫困。

西门豹了解到这些情况后,下决心要狠狠地打击这股恶势力,彻底铲除这种欺骗、愚弄、欺压百姓的恶习。于是,西门豹宣布,"河伯娶亲"这么大的事情,他这个县令也会在举行典礼的那一天到场参加。

漳水再一次泛滥的时候,"河伯娶亲"的日子也到了。那天清晨,西门豹在当地官吏和乡绅的陪同下,一起来到河边,参加河伯的"婚礼"。百姓们也纷纷来到河边,观看这一年一度的"河伯娶亲"的典礼。不一会儿,一个七十多岁的老巫婆出来准备主持仪式,西门豹拦住了老巫婆,说道:"先等一下,我身为邺城的县令,自然要对邺城的百姓负责,去把新娘子给我带上来,让我看一看漂不漂亮,假如你们选一个不漂亮的糊弄河伯,把河伯惹怒了怎么办?"老巫婆一听,赶紧把新娘子领到西门豹跟前让他查看。结果,西门豹看了一眼,摇着头说:"这个新娘子长得这么难看怎么能送给河伯做老婆呢?神仙是不能糊弄的,还是麻烦你辛苦一趟,到河里去告诉河伯,让他耐心等待,等我选到漂亮的姑娘,再给他送去吧!"老巫婆一听,脸色大变,刚要借口狡辩,就被西门豹手下的士兵抓起来,扔进了漳河。

大约过了半个时辰,西门豹脸上露出焦急的神色,他转身对随行的士兵说:"老巫婆怎么还不回来?大概是上了年纪不认识路,还是派几个年轻的人去打听一下吧!"于是,西门豹下令把巫婆的一个随从投到了河里,就这样,不一会儿工夫,巫婆的三个随从都先后被扔进了河里去查看情况,可河伯还是没有回音。

这时,西门豹转身对官员乡绅们说:"老巫婆和她的随行们都是窝囊废,连这点事情都办不好,你们是邺城德高望重的官员,你们去和河伯谈判,一定可以成功的。"就这样,"河伯娶妻"活动的带头官员和乡绅也被扔进了水中。这些被扔进水里的人,很快就被河水淹没了。惩罚完那些罪大恶极的领头人物之后,西门豹转过身来,厉声厉色地问道:"还有哪一位要为河伯娶亲啊,下去给河伯带个话,让他稍等几天。"剩下的乡绅官员一见西门豹的铁腕政策,吓得赶紧下跪请罪。看着这些人怯懦的样子,西门豹轻

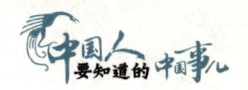

蔑地说:"再有谁想为河伯娶亲,我就派他下去给河伯送嫁妆。"自此之后,再也没有人敢以为河伯娶亲的名义横征暴敛了。

通过这件事,西门豹既打击了邪恶势力,在邺城树立起了自己的威信,又因为救民于水火之中而得到了当地百姓的拥护。为了根治水患,发展农业生产,西门豹动员百姓,依靠自己的力量治理漳河水患。西门豹带领百姓先后开凿了多条水渠,这些水渠,涝时可以分洪,旱时可以引漳河水灌溉,这样就将漳河很好地利用起来了。漳河水患解决之后,西门豹和邺城百姓一起将邺城建设得繁荣富足,曾经的荒凉边陲变成了如今富饶的要塞,西门豹也因此名传千古!

南宋画家李嵩所绘的《骷髅幻戏图》

商鞅变法

春秋战国时期，各国为了实现富国强兵，掀起了一股改革浪潮，各国纷纷推行变法，在政治、经济、军事等领域进行改革，而在这些变法实践中，要说改革最彻底，效果最突出的，还是秦国的"商鞅变法"。商鞅变法迅速提高了秦国落后的生产力，使得原本并无明显竞争优势的秦国在列国纷争中脱颖而出，为日后秦始皇统一中国奠定了基础。

商鞅（约公元前395—前338年），卫国人，姬姓，卫氏，所以又称卫鞅、公孙鞅，战国时期的政治家、思想家，先秦法家代表人物。商鞅自幼便对法家思想十分热衷，他十分崇拜李悝、吴起等人（李悝和吴起都是战国时期著名的政治改革家），受他们的影响，商鞅经常四处收集有关他们变法的资料，希望有朝一日自己也能像他们一样，通过变法使一个国家走向强大。后来，商鞅做了魏国宰相公叔痤的家臣，公叔痤十分欣赏商鞅的才能，对他宠爱有加。公叔痤是当时魏惠王身边的两个重要权臣之一（另外一个是庞涓），自然他说的话在魏惠王面前也很有分量。公叔痤临死前向魏惠王进言，把公子昂、庞涓等都数落了一遍，言下之意只有自己功劳最大，可是眼下他时日无多，魏国就更缺将相之才了。做了充分铺垫后，公孙痤向魏惠王推荐了商鞅，他说："此人虽然年轻，可是却有大才，大王您可以任用他为相国，我魏国必然因他而大兴。"可是魏

商鞅像

惠王嫌弃商鞅是个中庶子，觉得商鞅只不过是个宰相侍从，根本无法担当大任。公孙痤见魏惠王不给自己肯定答复，于是接着对魏惠王说："如果您不喜欢他，不想用他的话，就杀了他吧，千万不要放他到别的国家去，否则，他必然是我魏国的心腹大患。"魏惠王嘴上答应着，心里却觉得公叔痤危言耸听，丝毫不把他的话放在心上。公叔痤死后，魏惠王既没有重用商鞅，也没有杀他，甚至遗忘了商鞅。商鞅发现魏国没有自己的位置，他在魏国无法发挥自己的才能，便萌生了离开魏国的想法。这时，正好秦孝公下了求贤令，面向各地广纳贤才，于是，商鞅收拾好行囊，踏上了前往秦国的路。

到了秦国，商鞅拜见了秦孝公，向秦孝公提出了变法图强的强国之道。商鞅的思想得到了秦孝公的赞许，于是秦孝公便任命商鞅为左庶长，准备开始变法。

秦孝公六年（公元前356年），商鞅开始第一次变法，这次变法的主要内容有：

第一，重新修改法律。商鞅认为法制是一个国家的根本，是君主政权达到"至治"的工具。有了法律的约束，惩罚作奸犯科者就有了依据。商鞅在法律中还增加了连坐法。连作法规定，一家有罪，这家周围的九家要争相揭发。若不揭发，则十家连坐，受到连坐的罪会很重。而且，连坐法还规定，一个人犯了罪，即使他最亲密的家人、朋友也不能包庇，要向国家检举揭发，使"恶"、"非"都不能隐匿，否则将一起接受惩罚。

第二，奖励军功，按功受爵。商鞅规定，国家的爵位按照将士在战场上的表现授予，立功越多，受爵越高，不以出身受爵。而且，官爵越高，享受的特权就越多。这样不但激发了军队的士气，提高了战斗力，还打击了顽固贵族，使他们再也不能凭借出身获得爵位了。

第三，重农抑商。商鞅认为，在这个战乱的年代，农业才是国家的根本。秦国地广人稀，农业发展潜力巨大，比起商业，农业更应该得到重视。所以，为了开发广阔的土地，商鞅颁布法令，从地少人多的三晋之地招徕民众。法令中规定，如果三晋百姓来秦国定居发展，则国家负责为他们建造房屋，并免除三代徭役，不用参加战争。如果有人愿意开垦荒地，则免除其十年赋税。这项法令吸引了大批三晋百姓前来秦国定居，有力地推动了秦国农业的发展，进而使兵源和粮源都得到了保障。在国内，商鞅变法中规定：凡是一家有两个以上的成年男子，必须分家，各立户头，否则就要加倍缴纳赋税，加倍服劳役。这种方法将大家庭分割成小家庭，使得一些成年男子不能再依靠大家庭，只能努力耕织来维持生活，这样就把国内的劳动力充分用于了农业发展。

第四，燔诗书而明法令。商鞅变法重用法家思想，以严刑峻法管治国家，有功者重赏，有过者重罚。商鞅认为，侠以武犯禁，儒以文害法，儒家的东西都是蛊惑人心的东西，所以为了明法令，商鞅变法规定烧掉诗书，以法为令，以吏为师，放弃儒家的以仁治国的思想。

在商鞅的第一次变法中，秦国农业得到了很大发展，军队建设也加快了步伐，秦国也由此强盛起来。

公元前350年，商鞅开始进行第二次变法，这次变法的主要举措有：

第一，废井田，开阡陌。即将田间的道路开发出来，也种上庄稼，将曾经划分疆界的荒地、树林等也开发出来，并且规定，谁开发的土地就归谁所有。

第二，废分封，行县制。即把一些市镇和乡村合并起来，合成县，由国君直接任命官吏。这样一来，中央集权得到了加强。

第三，迁都咸阳。迁都是为了方便秦国的东扩政策，秦国将都城从原来的栎阳迁移到渭河北面的咸阳。

变法后的十年，秦国越来越富强，在各诸侯国中的地位也越来越高。周天子册封秦孝公为"方伯"，各诸侯国再也不敢小视秦国了，在他们眼里，秦国已经变成了一只猛虎，谁也不愿去捋虎须。这时，秦国也适时发动了对魏国的战争，面对强盛的秦国，魏国无奈之下割让出河西之地，都城也被迫迁到了大梁（今河南省开封市）。

虽然商鞅的两次变法使得秦国变得强盛起来，但是其变法政策危害了秦国旧贵族的利益，那些旧贵族对商鞅恨之入骨。秦孝公在世时，商鞅有秦孝公的庇护，秦孝公死后，新君主秦惠王并不喜欢商鞅，于是商鞅失去了依靠。这时，旧贵族势力见商鞅失势，纷纷出手对付商鞅，给商鞅安了种种罪名。无奈之下，商鞅只好逃走，可是，没有文书他无法出边关，而民居、旅店又不敢收留他，怕被其变法中的连坐法惩罚。最后，商鞅只得回到封邑，

后在秦惠王的默许之下，商鞅被处以车裂之刑。

在战国诸侯争霸时期，商鞅变法取得了巨大的成就，这主要是因为在那个时期，奴隶制度已经遭到破坏，封建制呼之欲出，商鞅变法适应了社会的发展，再加上当时秦国迫切需要改变，所以商鞅的变法思想得到了统治者的支持。

商鞅虽然最终被处死，但是其新法已经融入了秦国的血脉，而且新法对于秦国的强大起着至关重要的作用，所以，新法并没有被废除，而是继续发挥着作用。通过这次变法，秦国成为了封建化最彻底的国家，变法不仅推动了秦国社会的发展，而且推动了宗法分封制向中央集权制的转型，为后来秦始皇统一六国，建立大一统帝国奠定了基础。同时，这次变法对后世两千多年的封建制度依然影响深远。可以说，商鞅变法为后世的封建王朝定下了基调，而商鞅也因此名垂青史。

吴起像

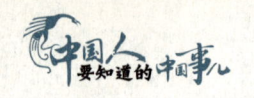

赵武灵王与"胡服骑射"军事改革

赵武灵王（约公元前340年—前295年），名雍，战国中后期赵国国君，赵肃侯的儿子。赵肃侯二十四年（公元前326年），赵武灵王的父亲赵肃侯去世，因为赵肃侯生前英雄一世，与魏、楚、秦、燕、齐等国连年恶战且经常处于上风，尤其严重削弱了魏国的百年霸业，当时的赵国俨然是北方的新霸主。听闻赵肃侯去世的消息，魏惠王立即联合楚、秦、燕、齐四国，以参加赵肃侯的葬礼为名义，各派精兵，打算趁赵国新君年幼之际，趁机消灭赵国。

这位刚登帝位的新君就是赵武灵王，此时的赵武灵王只有十五岁，他深知父亲的葬礼将会危机四伏，稍有不慎就会被魏、楚、秦、燕、齐五国消灭。对于一般的十五岁少年来说，面对这样的情势肯定会吓得不知所措，但是十五岁的赵武灵王胆识过人，他决定采取强硬对抗的措施，摆好决战的架势来应对这些不怀好意的吊唁者。

赵武灵王命令全国戒严，整个军队处于一级戒备状态，准备随时战斗，并联合位于秦、魏、楚、齐之间的韩国和宋国，和这两个国家形成品字形结构，牵制住了秦、魏、楚、齐，使它们陷于被动地位。接着，赵武灵王又贿赂越王攻楚，楚国忙于应战，就无法再对赵国形成威胁了。同时，赵武灵王又重金贿赂楼烦王，让其攻击燕国和中山国，这样燕国也自顾不暇了，而中山国因为楔入赵国的版图内，经常受齐国指使攻击赵国都城邯郸，对赵国的威胁非常大，此番楼烦国进犯，中山国对赵国的威胁也不存在了。

在解除了楚国、燕国、中山国对赵国的威胁后，赵武灵王命令，前来参加葬礼的五个国家只能由使者带领各国国君进入赵国境内吊唁，军队不得入内。五国使者进入赵国境内后，发现赵国戒备森严，战争一触即发，于是吊唁完赵肃侯之后便匆匆离去了。就这样，十五岁的赵武灵王第一次面对强大的敌人就经受住了严峻的考验。

赵武灵王即位时，正值战国中后期，各诸侯国相互征战不休。在这种局面下，赵武灵王决定改革兵制，壮大赵国的力量。在当时，赵国的大多数军队还身着长袖大褂，驾着战车与敌人拼杀，这种作战方法虽然冲击力强，可是机动灵活性较差，再加上服装的束缚，军队的机动灵活性非常差，战车一旦深入敌人的阵营就很难生存了。面对这种情况，赵武灵王迫切地希望对军队进行大规模的改革，加强军队的战斗力。

赵国地靠北疆，经常与胡人作战，胡人的作战方式给赵国军民留下了深刻的印象。胡人不依靠战车冲击，却拥有着强大的战斗力。原因是他们实行一人一骑的制度，身着短衣窄袖，手持弓箭大刀，具有非常强的机动性。赵国在和胡人交战时被他们来无影去无踪的战斗方式弄得焦头烂额，要不是胡人军队的纪律性较差，恐怕赵国是无法抵挡他们的。于是，赵武灵王在北疆开始了"军队胡化"的试验。改革之后，赵军拥有了和胡人一样的机动性，却比他们更有纪律性，于是，这支试验部队将胡人打得叫苦连天。看见这种情况，赵武灵王坚定了改革决心。

第二天清晨，赵武灵王向官员们提出了"胡服骑射"的想法，可是没想到的是，除了有戎狄背景的肥义、楼缓、仇液等人同意之外，其他的人竟然都非常反对他的想法，尤其是以赵武灵王的叔叔赵成为首的赵氏宗族的反对声最高，他们认为向胡人学习是对祖先的大不敬，如果赵武灵王进行胡化，他就是赵氏家族的罪人。赵武灵王听后十分恼火，他大声质问这些宗亲们："你们认为推行'胡服骑射'改革就是对祖宗的大不敬，那么，丧师失地呢？你们难道忘了我们和中山国的交战了吗？他们拥有齐国那个强大的盟友，军事实力高于我们，我们自然会战败。如果

战国晚期魏国的蟠螭纹提链壶

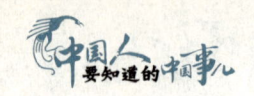

唐代画家阎立本所绘《步辇图》（局部）。此图描绘的是唐太宗接见来迎娶文成公主的吐蕃使臣禄东赞的情景。吐蕃族也是胡人的一支

我们还继续保持现状，恐怕用不了多久，赵国就不复存在了，这难道就是对祖先的尊敬吗？我认为，我们目前最主要的就是壮大自己的实力，只有国家强大了，我们和我们的祖先才有尊严，这才是对祖先真正的尊重。你们说呢？"赵武灵王的一番话让那些顽固分子哑口无言，这时，赵武灵王又接着说道："我已经在北疆进行了试验，胡服骑射的效果十分显著。现在，我就用这支人数不多的小部队进攻中山国，如果能成功，我不希望再有人出来阻拦我的改革，如果失败的话，就依你们所言，不再推行'胡服

骑射'。"说完，赵武灵王便径自离开了大殿。

数日之后，赵武灵王用他那支人数不多的骑兵队伍对中山国展开了进攻，他以机动灵活的作战方式很快击溃了数倍于自己的中山国军队，然后又横穿中山国，到达赵国境内。一路上，赵武灵王的骑兵如入无人之境，杀得中山国军民闻风丧胆，这大大鼓舞了赵军的信心。而后，赵武灵王又率领骑兵向西折向黄河，进攻楼烦、林胡等游牧民族，最终以全胜告终。

面对如此骄人的战绩，赵国的那些顽固派再也无话可说了，于是，"胡

服骑射"改革在赵国全境轰轰烈烈地展开了。

"胡服骑射"改革不光在军事上为赵国带来了脱胎换骨的变化，在其他方面对赵国也有益处。赵国北部因为靠近胡人聚居地，所以这里的居民已经渐渐地被胡化了，他们慢慢地融入了胡人的游牧文明中，而赵国的南部还保持着和中原各国一样的农耕文明，这两种文明无法很好地融合在一起，是赵国发展最大的掣肘。赵武灵王之前的几任君主虽然也致力于消除南北矛盾，但是效果并不是很明显。赵武灵王上台之后，他选择了实力强劲而又容易控制的北部势力，对赵国进行全面胡化，明确了游牧文明的主导地位，打破了当时贵华夏、轻戎狄的观念，使得大批具有戎狄背景的人得到重用，使得后来的赵国因此而强大，这让人不得不佩服赵武灵王的勇气和眼光。

赵武灵王把自己训练的精锐骑兵作为教官分派到全国各地，在全国范围内培养骑兵，同时他还招募了大量胡人充实到骑兵队伍中，使得赵国的骑兵队伍很快形成了规模。同时，赵武灵王乘机将军权牢牢地掌握在了自己的手中。赵武灵王还借着这次改革，对赵国的军队系统进行了一次大规模的整顿。从前，赵国军中是以一个人的出身来确定他的身份地位的，这种制度的后果就是许多无能之辈充斥在军队之中，而一些人才却因出身低下得不到施展才华的机会。所以，赵武灵王乘机改革这种用人制度，亲自选拔能力出众的将领担任重要职务。这样一来，普通百姓中的许多有能力的人都得到了重用，同时，大批无能贵族遭到了裁撤。

经过赵武灵王的改革，赵国各方面的实力都得到了显著提高，尤其是军事实力更是一跃千里。于是，赵武灵王二十年（公元前306年），赵武灵王再次进攻中山。凭借着强大的骑兵力量，赵军打得中山国溃不成军，他们一路势如破竹，一直攻到了中山国都城灵寿（今河北省平山县），消灭了中山国，彻底控制了太行山的重要孔道井陉，将赵国的南部和北部连接起来，加强了两地之间的联系。之后，赵武灵王又先后击败了楼烦和林胡，从他们手中获得大量良种马，继续壮大自己的骑兵力量。经过多次战争，赵武灵王让各个诸侯国真正认识到了他的厉害，认识到了骑兵的厉害。

赵武灵王的"胡服骑射"改革对赵国产生了重大的影响，它将赵国变成了一个农耕文明和游牧文明相结合的国家，提升了胡人的地位，促进了两种文明的融合。赵武灵王创建了强大的骑兵部队，使赵国跨入了强国之列。赵武灵王的"胡服骑射"改革对其他各国也产生了深远的影响，战国后期，骑兵成为了战场上的主角。虽然，赵国没能一直强大下去，但是，"胡服骑射"这一伟大举措却让赵武灵王永垂史册。

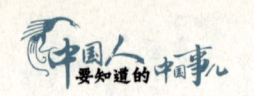

最会投资的商人吕不韦

在古代，商人是一种低贱的职业，很多人都看不起商人，尤其在战国这个群雄并起的年代，商人这个职业更不会引起人们的重视。但是，战国末年却出了这样一位著名的商人，他将生意做到了政治领域，他是成就秦始皇的关键人物，他促进了秦国一统六国的步伐，他用自己的行动向那些所谓的贵族证明，商人也是伟大的。他，就是传奇商人吕不韦。

吕不韦（？—公元前235年），名不韦，战国末年著名商人、政治家、思想家，卫国濮阳（今河南省濮阳县城西南）人。吕不韦是阳翟（今河南省禹州市）的大商人，那时候，商人走进朝堂简直是不可能的事，然而，吕不韦却创造了奇迹，开创了商人从政的先河。

吕不韦是一个精明的商人，他以低价购进物品，等到时机成熟时，再以高价卖出，他以敏锐的眼光一次次囤积并卖出了利润颇高的商品，积累了庞大的家产。但是，纵使吕不韦腰缠万贯，他还是一个不被人看得起的商人。吕不韦不甘现状，他想再进行一次成功的投资来改变自己的命运，于是他将目光投向了政治领域。

秦昭王四十年（公元前267年），秦昭王立安国君为太子，安国君的一个不受宠爱的儿子子楚被派往赵国做人质，吕不韦的政治生涯便是从这位被当做人质的王子开始的。

有一次，吕不韦去赵都邯郸做生意，遇见了当时生活很不如意的子楚。吕不韦有意与子楚结交，于是便用自己的钱财为子楚改善生活，并许诺将竭尽全力帮助子楚返回秦国，帮他登上王位。子楚觉得很奇怪，便问吕不韦为什么这么热心地帮助他，吕不韦说："我是一个商人，在我的眼中，您就像一件奇货，可以囤积居奇，等到您发达了，做了国君，我就会得到很大的收益，这样的买卖怎么可以不做呢？"当时身陷困境的子楚也确实需要他人的帮助，就与吕不韦结成了联盟，并答应只要自己发达，就一定不会忘了吕不韦。两人联盟之后，吕不韦前往秦国为子楚铺路。

到达秦国之后，吕不韦散尽家财来结交秦国权贵，并将最终的突破口选在了当时备受宠爱却没有子嗣的华阳夫人身上。吕不韦用重金买通华阳夫人的姐姐，让她劝说华阳夫人帮助子楚。事实证明，吕不韦这次的投资又一次成功了，因为华阳夫人的姐姐在改变子楚的命运上，确实起到了关键的作用。

一次，华阳夫人的姐姐看见华阳夫人正在梳妆打扮，便故意唉声叹气。华阳夫人很奇怪，便问姐姐为什么叹气。华阳夫人的姐姐便乘机说道："我们女人最大的本钱就是自己的容貌，像妹妹你现在青春貌美，深得太子宠爱，可是人总是会变老的，等到你年纪增大，容颜老去之后，就会失去太子的宠爱了，到时候，你就是想和太子说几句话，恐怕也没有那个机会了，所以我才感叹我们女人年老之后的凄惨命运。"华阳夫人一听，觉得姐姐说得很有道理，便问道："那我该怎么办呢？"姐姐说道："天底下最可靠的关系莫过于母子关系，妹妹你没有子嗣，这是你最大的软肋，你想，如果你有儿子的话，那么就算丈夫不疼爱你，儿子依然会孝顺你、照顾你，不会因为什么原因嫌弃你。所以，你应该在太子的那些儿子里面选一个过继过来，并向太子推举他为继承人，这样的话，你就会一直享受荣华富贵，不会有失势的可能了。"华阳夫人被姐姐说得非常心动，便问道："那我该选择谁好呢？"见妹妹动了心，华阳夫人的姐姐继续说道："假如你选择的人本来就很受太子宠爱，那么，他继承王位之后也不会对你有太多的感激之情，而如果你选一个本来就不受宠爱，而且处境比较差的孩子，那么等他将来辉煌了，继承王位了，他也会记得你的功劳的。所以，只有选择不如意的孩子才能使你的利益得到最大程度的保证。比如像子楚，他就是比较合适的人选，他的母亲不受太子宠爱，自己又在赵国做质子。你想想，近年来，我国和赵国常常在打仗，他的处境一定十分危险，假如你现在拉他一把，将他过继过来，帮他解除危险，那他肯定会一辈子感激你的。"

华阳夫人觉得姐姐说得非常在理,于是,她常常在太子安国君面前提起子楚,夸他多么孝顺,说他虽然远在他国做人质,却也时刻惦念着父亲。华阳夫人还夸子楚能力出众,虽然在与秦国交恶的赵国做人质,却依然能结交许多有才能的人。后来,华阳夫人又对安国君说:"我有幸能得到您的宠爱,却没有为您生下一个儿子,这是我心中最大的遗憾,子楚是一个孝顺的孩子,我希望能收他做我的儿子,来弥补我的遗憾。"安国君答应了华阳夫人的请求,并在华阳夫人一次次"枕边风"的作用下,开始越来越关注子楚。

秦昭王五十年(公元前257年),秦国攻打赵国,给赵国造成了巨大损失。赵王想杀死子楚泄恨,吕不韦在关键时刻通过贿赂守城官吏,成功地帮助子楚逃出赵国,回到秦国。秦昭王五十六年(公元前251年),秦昭王去世,太子安国君继位为王,封华阳夫人为王后,立子楚为太子。安国君即位后不久,因突发疾病去世,子楚终于登上了王位,即秦庄襄王。

秦庄襄王即位后,将华阳夫人尊奉为太后,任命吕不韦为相国,并封吕不韦为文信侯,赏赐河南洛阳十万户作为他的食邑。终于,吕不韦的投资收到了成效。三年后,庄襄王去世,年幼的太子政即位为秦王(也就是后来的秦始皇),而宰相吕不韦则掌握了秦国的实际大权。

在商界和政治界都获得了重大成功之后,吕不韦又将探索的目光投向了文学领域。吕不韦效仿齐国孟尝君,收纳三千门客,效仿前辈圣贤著书立说。吕不韦命令门客记下自己的所见所闻,综合在一起形成八览、六论、十二纪,共二十多万字。吕不韦认为自己的见闻范围广大,其中包括了天地万物古往今来的事理,所以将这部书命名为《吕氏春秋》,并将之高悬在咸阳的城门,并遍请各国有才之士评论。他宣称,若有人能在上面找出错误或者增删一个字,便赏一千金。据说,这部《吕氏春秋》在城门高悬了好几个月,竟然没有一个人能获得那一千金的赏金。就这样,因为这部《吕氏春秋》,吕不韦的声望又达到了一个新的高度。

可是,吕不韦的极高声望却引起了当时已经成年的秦王政的恐慌,他生怕吕不韦发动叛乱推翻自己,于是便以吕不韦勾结太后、秽乱宫廷的罪名革除了吕不韦的职务,将他发配封地。后来,秦王政又削减了吕不韦的

战国末期的鼓，1975年于云南楚雄万家坝出土

食邑，将吕不韦迁到蜀地居住。这时的吕不韦已经意识到秦王政不会放过他，于是便酖酒自杀，结束了自己轰轰烈烈的一生。

  吕不韦以一个商人的身份投身政治，并且以自己的智慧和财富帮助秦庄襄王登上王位，自己也从一介商人登上了臣子之首的相国之位，可谓是前无古人。后来，他又主编了融合先秦各派学说和自己理念的《吕氏春秋》，虽然这本书是吕不韦借他人之光提高其形象，但对中国文化的贡献不可小视。吕不韦在各个领域的成就，足以让他成为一代传奇人物。

秦始皇统一六国

在中国古代历史上，谁能被称为"千古一帝"，这恐怕会有很多答案，有人会说是唐太宗，有人会说是汉武帝，还有人会说是成吉思汗。但是，在明代思想家李贽的眼中，能被称为"千古一帝"的只有秦始皇，他在《藏书·世纪列传总目》中说道："始皇帝，自是千古一帝也。"

秦始皇（公元前259—前210年），姓嬴，名政，因为生于赵国，所以历史上又称其为赵政，中国历史上最伟大的政治家、改革家、战略家、军事统帅之一，历史上首位完成大一统的君主，做出了许多惊天动地的大事。

公元前247年，秦庄襄王驾崩，世子嬴政继位为秦王，当时的嬴政只有十三岁，朝政由相国吕不韦把持。九年之后，嬴政接受成年礼，开始亲政。亲政之后，嬴政迅速罢黜吕不韦，将大权牢牢掌握在自己手里，并根据李斯的建议，制定了远交近攻、由近及远、集中力量、各个击破的策略，先后灭亡了韩、赵、魏、楚、燕、齐六国，完成了统一六国的大业。

秦王政统一天下之后，认为不能再以"王"称呼他了，因为一个"王"字无法体现他现在的尊崇地

秦始皇像

位,"王"无法证明他一统华夏的功劳,于是秦始皇命令臣下为自己挑选一个合适的称号。经过一番商议,丞相王绾、御史大夫冯劫、廷尉李斯等人认为,秦王政平定天下之功,从古至今从未有人能与之相比较,他的功劳甚至超越了上古五帝,所以他们援引传统尊称,建议秦王政采用"泰皇"头衔。然而,秦王政对此并不满意,他认为自己的功劳比三皇五帝有过之而无不及,所以,他决定取其"皇"和"帝"两字,合称"皇帝",以"皇帝"作为自己的称号,寓意为盖过三皇五帝,以此显示自己的功劳。从此以后,"皇帝"就成为了封建社会最高统治者的称谓。

"皇帝"的出现,不仅仅是秦始皇对称号的变更,还预示着他将会建立一种新的统治观念。在上古时期,"皇"和"帝"是对天神的敬称,秦始皇使用这一称号,也是在告诉天下,自己是真正的天选之子。他自称始皇,是因为他是中国历史上的第一个皇帝。在自己死后,后继者必须称二世皇帝,三世皇帝……秦始皇希望这片土地能够永远由自己的后代统治。

为了使自己和后代能更好地维持统治,秦始皇采取了一系列尊皇措施。其中规定,皇帝死后,人们不许妄加评论他的生平事迹;皇帝将称为"天子",天子自称为"朕",其余任何人都不许使用这个称谓;为皇帝雕刻专门的大印,并称之为"玉玺"……秦始皇立下的这些规定,目的在于突出皇帝的特殊地位,强调其与众不同,在世人心中留下神秘感,让世人敬畏他,从而使自己和后世子孙能更容易地驾驭世人。

统一六国后,秦始皇建立了专制主义中央集权制度,并从各方面进行改革,以加强中央集权。

政治方面,在中央设立丞相、太尉、御史大夫。丞相是百官之首,主掌政事;太尉负责军事,御史大夫负责监察百官。丞相、太尉、御史大夫以下,是分掌具体政务的诸卿,其中包括掌管宫殿掖门户的郎中令,掌管宫门卫屯兵的卫尉,掌管京畿警卫的中尉,掌管刑讯的廷尉,掌管谷货的治粟内史,掌管国内民族事务和外事的典客,掌管宗庙礼仪的奉常,掌管皇室属籍的宗正,掌管舆马的太仆等。各部门分工明确,一起讨论政务,讨论好之后交由皇帝裁决方可实行。在地方,废除分封制,实行郡县制。地方行政机构分郡、县两级。郡县主要官吏由中央直接任免。郡设守、尉、监(监御史）。郡守为首，治理其郡。郡尉辅佐郡守，并掌管军事。郡监司负责监察。县万户以上者设令，万户以下者设长。县令、县长有丞、尉及其他属员。县令、县长主要管政务，县尉掌握军事，县丞掌管司法。县以下有乡，乡设三老负责教化，啬夫掌管诉讼和赋税，游徼掌管治安和负责监察百姓。乡下有里，里是最基层的行政单位。里中设置严密的什伍户籍组织，以便支派差役，收纳赋税。通过这样层层管辖，全国被牢牢地控制在秦始皇手中。

在经济文化方面，实行书同文，度同制，车同轨等政策。

春秋战国以来，诸侯征战不断，几百年的分裂使得很多国家都有了自己的文字。文字的差异妨碍了各地经济、文化的交流，也影响了中央政府政策法令的有效推行。秦朝统一六国后，秦始皇令李斯等人进行文字的整理、统一工作。李斯以战国时期秦国人通用的大篆为基础，吸收其他地方文字的优点，创造出一种简洁整齐的新文字，称为"秦篆"，又称"小篆"，作为全国通用文字，并废除其他文字。秦始皇的这一举措，有力地推动了秦国文化的发展。

战国时期，各国的度量衡制度和货币制度很不一致。秦统一后，规定货币分金和铜两种：黄金称上币，以镒（秦制二十两为镒）为单位；铜钱为下币，统一为圆形方孔，以半两为单位，俗称"秦半两"；原来六国通行的珠玉、龟贝、银锡等不得再充当货币。秦始皇以原秦国的度、量、衡为单位标准，淘汰其他与此不合的单位制度，并铸造标准器，在上面加刻铭文，发行全国，与标准器不同的一律禁止使用；在田制上，规定六尺为步，二百四十步为亩。

战国时期，各国车辆制式也不一致。秦始皇统一全国后，规定车宽以六尺为制，一车可通行全国。从公元前222年开始，秦始皇以咸阳为中心，开始大幅度修建驰道，驰道宽五十步。修成之后，极大地改善了全国的交通，加强了秦朝对六国旧地的控制，在战时，也可以很方便地输送补给，这使得秦朝的中央集权大大增强。

秦始皇在巩固了自己的统治地位之后，就开始着手准备征伐匈奴和百越。公元前218年到公元前214年，秦始皇命大将屠睢和赵佗率五十万大军，发动了征服岭南越族的战争，击溃了今广西等地的西瓯族和今越南中北部的雒（luò）越族的反抗，整个岭南地区从此划入了秦朝的版图。为了

防止岭南居民反叛，秦始皇命令进军岭南的部队留守当地，并从中原进行大规模移民。移民为岭南地区带来了先进的文化和农业、手工业技术，为岭南的发展作出了重大的贡献。而岭南也在历史上第一次被正式纳入了中国的版图，使越族正式成为中华民族大家庭的一份子。这次行动不仅使秦朝疆域进一步扩大，而且促进了民族融合，对岭南的政治、经济和文化的发展帮助非常大。

王翦像。王翦是秦始皇非常赏识的大将之一

公元前214年，秦始皇派遣蒙恬将军率军北击匈奴，对匈奴展开了大规模的进攻，取得河南地（今内蒙古乌加河以南及鄂尔多斯市），并设立四十四县，移民垦守。次年秋（公元前213年），秦始皇复命蒙恬军北渡黄河，迫使匈奴北迁。为防匈奴南下，秦始皇又命蒙恬征发大量民役，在燕、赵、秦长城的基础上，修筑了西起临洮，东到辽东的万里长城，对巩固秦北部边地发挥了重要作用。

秦始皇南征南越，将福建、浙江、两广纳入中国版图；北击匈奴，夺回河套地区，并使该地区永远成为中国的版图。"东至海暨朝鲜，西至临洮、羌中，南至北向户（古人概念中的极南地区），北据河为塞，并阴山至辽东。"此外，秦始皇还开了通往西南的五尺道（大致为四川宜宾至云南曲靖一线），控制了当地的部族国家，将政治势力伸入了云贵高原，至此奠定了中国统一多民族中央集权国家的基本格局，第一次完成了我国真正意义上的统一。

力能扛鼎、气压万夫的悲情英雄——项羽

陈胜吴广起义之后,各地起义军纷纷揭竿而起。在会稽郡,有一个名叫项梁的人抓住了机会,乘势杀死了会稽郡守,拉起了一批人马。说起项梁的名字,大家可能不太熟悉,但是他却抚养成了一位名冠四方的侄子,他的这位侄子就是历史上有名的"西楚霸王"项羽。

项羽(公元前232年—前202年),名籍,字羽,秦下相(今江苏省宿迁市西南)人,故都彭城(今江苏省徐州市)。项梁和项羽算是名门之后,但是楚国灭亡之后,项氏家族惨遭屠杀,项梁便带着自己的侄子项羽和项庄流亡到了吴县(今江苏省苏州市)。项梁非常疼爱这两个侄儿,尤其对项羽寄予厚望。项梁在项羽年少时就请人教他书法诗歌,但是项羽学了没几天就厌倦了;后来项梁又请人教项羽学武艺,结果学了几天后,项羽又放弃了。见此情景,项梁大怒。项羽却说:"学文不过能记住姓名,学武不过能以一抵百,籍要学便学万人敌。"于是,项梁拿来一部孙子兵法给项羽讲解,没想到的是,项羽只听了一遍就能明白大概的意思,这让项梁非常惊喜,于是,他让项羽继续学习孙子兵法。但是没想到,项羽却不以为然,他说:"我将来是做大事的人,这些只要略懂就行,其他的可以交给我的属下去做。"

项羽虽然不爱学习,但是从

项羽像

小便聪明伶俐，身材魁梧，力能扛鼎，而且少年时就有了远大的志向。一次，项羽看到了秦始皇出巡的车马仪仗队，便对项梁说："彼可取而代也（我可以取代他）。"从项羽小时候的学习态度和性格来看，他的确是一个胸怀大志的人，可是，他做事毛躁、刚愎自用的性格也注定了他在楚汉之争中的悲惨结局。

公元前208年，项梁在定陶之战中被秦将章邯杀死，起义军受到巨大的挫折。章邯随后又将赵王赵歇击败，将他困在了巨鹿，赵歇无力阻挡秦军强大的攻势，只好向楚怀王求救。于是，楚怀王任命宋义为上将军，项羽为次将，由两人率兵救赵。

面对实力强大的秦军，宋义将部队驻扎在安阳长达四十六天却始终不敢动兵。在这期间，项羽多次向宋义请命进攻赵国，可是宋义却置若罔闻。愤怒的项羽杀死了宋义，并声称宋义背叛了楚怀王，准备投降秦军。就这样，项羽掌握了这支军队的领导权。

公元前207年，项羽进兵巨鹿，他在军队全部渡河之后，下令将船只全部凿沉，将锅全部砸碎，全军只带三天干粮，其余的全部销毁。做完这一切之后，项羽对士兵们说："秦军人多势众，我们想赢的话，就必须有一往无前的勇气，我之所以下这些命令，就是想告诉大家，我们没有退路了，唯一的出路就是冲上去，在三天内击败秦军，只有这样，我们才能活下来。"

项羽誓死一战的决心和勇气深深地激励着每一个士兵，身临绝境的楚军爆发出了巨大的战斗力，三天的战斗，项羽率领这支队伍九战九捷，打败秦军三十万大军，彻底地将秦朝推向了灭亡的深渊。巨鹿之战后，项羽声名大振，其他反秦诸侯军纷纷望风归附，自此之后，项羽成为了实力强大的诸侯首领，威名一时无两。

巨鹿之战后，项羽意气风发，他随即领军向秦朝都城咸阳进发，可是，还没等到项羽靠近咸阳，沛公刘邦攻破咸阳的消息已经传来，这让项羽十

虞姬

《项羽记》中记载的项羽的爱姬——虞姬

分愤怒。这时,项羽的谋士范增对项羽说:"刘邦攻进咸阳之后,就封存府库,对百姓秋毫无犯,这和我们以前了解的刘邦完全不同,可见刘邦是一个胸怀大志的人。我们应该乘此机会除去刘邦,否则,他将来必定是我们的心腹大患。"项羽虽然内心深处觉得范增太高估刘邦了,可是刘邦的作为让项羽觉得颜面尽失,所以,他决定听从范增的建议,除去刘邦,以消心头的恶气。于是,著名的鸿门宴上演了。

事先得到消息的刘邦在宴会上十分谦卑,不停地奉承项羽,这让项羽渐渐放松了警惕。项羽觉得刘邦是个无能之辈,不可能成为自己的心腹大患,在项羽大意之时,刘邦逃离了宴会。

逃离险境的刘邦选择了暗自壮大自己的实力。公元前206年,刘邦抓住项羽在齐地用兵的时机,联合众多诸侯,占领了项羽的都城彭城,自此,历时四年的楚汉战争正式拉开帷幕。

在这四年里,汉军多次处于下风,但是始终顽强地抵抗着。后来,当刘邦占据上风之后,他迅速发动攻势,不给项羽一点恢复的机会。终于,在公元前202年初,汉军三方共四十万军队在垓下包围了粮草不足的项羽军队。

面对赫赫有名的西楚霸王的军队,汉军采取了心理战术。他们学习了楚地的民歌,在楚军营寨周围歌唱。项羽的士兵听到楚歌之后,误以为自己的家乡已经被汉军攻破,顿时军心涣散。看到这种情况,项羽决定率领精锐突围,以图东山再起。项羽率八百余人突围,汉军以五千骑兵紧追不舍。等到达东城时,项羽手下只剩二十八骑,而且还没有摆脱汉军。从曾经的意气风发到现在的凄惨落寞,项羽心中充满了悲凉,他对仅剩的部下说:"上天注定了我无法成功,并不是我不如刘邦啊!"最后,项羽率领仅剩的二十八名手下冲进了汉军阵营,斩杀了近百人,而自己却仅损失两人。

退至乌江后,项羽身边已经没有一个随从了。乌江亭长预备了船让项羽渡江,但项羽悲凉地说:"我从家乡出来的时候,手下有八千江东子弟,而现在却只剩我一个人了,这让我有何颜面见江东父老啊!"随后,项羽在乌江边挥剑自刎,一代西楚霸王,就此陨落。

创造第一个平民登基神话的汉高祖刘邦

英国著名历史学家约瑟·汤恩比评论说:"人类历史上最有远见、对后世影响最大的两位政治人物,一位是开创罗马帝国的恺撒,另一位便是创建大汉文明的汉高祖刘邦。恺撒未能目睹罗马帝国的建立以及文明的兴起,便不幸遇刺身亡,而刘邦却亲手缔造了一个昌盛的时代,并以其极富远见的领导才能,为人类历史开创了新纪元!"这位外国历史学家口中的开创性英雄人物刘邦曾经是沛县的混混,但是他后来却凭借自己的不懈努力,创造了中国历史上第一个平民登基的神话。

刘邦(公元前256—前195年),原名刘季,沛郡丰邑中阳里(今江苏省丰县)人。出身下层的刘邦年轻的时候在沛县很出名,但是,这个"名"却不是好名,而是臭名。当时的沛县乡邻都知道刘季这个人贪酒好色,欠债不还,甚至他还时常干一些偷鸡摸狗的事情。但是,就是这样一个不务正业的人,却拥有常人所没有的政治目光,他能以天下之智为智,以天下之心为心,能从善如流,放弃一己私欲,使得无数豪杰肯为之驱驰,并最终站在了至尊的皇帝之位。

公元前209年,因为无法忍受秦朝的严刑峻法,陈胜吴广在大泽乡揭竿而起。他们率领起义军攻占了陈县(今河南省淮阳县)以后,陈胜建立了"张楚"

汉高祖刘邦像

政权，和秦朝公开对立。这时的秦朝政权已经民心尽失，天下早已蠢蠢欲动，就连沛县这个小地方也不例外。当时的沛县县令在看见声势浩大的农民起义之后，也想响应陈胜吴广揭竿而起。这时，萧何和曹参都在沛县当差，他们劝县令将县里流亡在外的人召集回来，以便壮大自己的力量。县令觉得有理，便让人立即去执行。于是，很多在外地的沛县人返回家乡，这其中就包括了刘邦。

可当刘邦等人回到沛县时，县令却突然改变了主意，他认为回来的人太多，自己没有能力控制，所以决定重新将这些人驱散。于是，县令下令关闭了城门，拒绝这些返乡的人入城。刘邦看见这种情况，心里便有了打算，他伙同城外的人煽动城里的百姓推翻县令。由于当时的县令平时就不得民心，所以，刘邦等人一煽动，百姓就纷纷相应，杀死了县令，将城外的人迎接到城内。由于刘邦在这次举事的过程中起到了至关重要的作用，所以，很多人都对刘邦很信服，他们推举刘邦为沛公，希望能在刘邦的领导下过上好日子。

但是，刘邦并不想被沛县这个小小的地方束缚，他有着更大的野心。所以，他与萧何、曹参等人演了一出戏。他们设计在湖中弄出一条白蛇，由刘邦斩杀，并声称赤帝的儿子杀死白帝，要开始领导这个世界。就这样，刘邦通过利用当时百姓的迷信思想，成功地收拢了沛县的民心，开始了自己征战天下的第一步。

经过战争的洗礼之后，原来楚国贵族的后代项羽成了起义军中最强大的一支。自信的项羽认为只有自己才是那个能灭亡秦朝的人，所以，他和各路诸侯共同约定，谁能首先攻进咸阳，谁便是天下之主。但是，令他没想到的是，第一个进入咸阳的竟然是别人，而不是他，甚至那个人还是自己很看不起的刘邦。

第一个攻入咸阳，灭亡秦朝，刘邦自然是志得意满。这时的他已经在幻想着自己成为天下之主的模样了。面对豪华的宫殿，美丽的宫女，刘邦被迷晕了，他准备放下自己的雄心，投身到软玉温香中去。这时，张良告诉他，这些东西还不是属于他的，在任何时代，实力永远是重要的，千万不要相信所谓的盟约，现在最应该做的，还是悄悄地躲在势力最强大的项羽麾下发展自己的实力，如果现在就想着享受，便离死不远了。刘邦

听从了张良的意见，封闭咸阳的宫殿府库，并将军队撤到了灞上，静等项羽的到来。
　　内心非常不服气的项羽率领军队来到了咸阳附近的戏下（今陕西省临潼东北的戏水西岸），与刘邦形成对峙局面。这时，项羽帐下的大多数人都认为应该在这里彻底击溃刘邦，以绝后患。

张良像

　　可是，有一个人却因为与张良的私交而对张良担心不已，他就是项羽的叔叔项伯。在听到项羽准备向刘邦动手的消息后，项伯急忙偷偷跑出营来，想劝张良及早逃走，可是张良明确地告诉项伯，身为臣子，他不会背叛主上而选择独自逃走的，所以，他将消息告诉了刘邦。

　　后来，刘邦听从张良的建议，设宴款待了项伯，还和他约结为亲家，请他向项羽解释，消除误会。项伯回去后对项羽说："沛公虽然先进军关中，但是他却将宫殿府库全部封存，撤出咸阳，在灞上等待霸王的到来，由此看出，刘邦是个君子，我们不应该怀疑他，应该以诚相待，况且，刘邦立下了如此大的功劳，如果我们对付他的话，岂不是会令天下人耻笑。"

　　第二天，刘邦来到项羽的军营，向项羽赔礼道歉。随后，项羽邀请刘邦入内赴宴，而当时项羽手下的著名谋臣范增深知刘邦是个危险人物，便令项庄在席间借舞剑为名，想趁机刺杀刘邦，但是，由于项伯的阻拦，范增的计划没有成功。而刘邦也借故离开，乘机逃回了大营。

　　鸿门宴之后，深深的危机感环绕在刘邦心头。刘邦知道，现在的项羽想要消灭他其实并不困难，此时他和项羽之间的实力差距是非常巨大的，于是，他便率部来到了巴蜀之地，继续在暗中积蓄力量。在此期间，刘邦得到了一个日后帮助他夺得天下的重要人物，这个人就是韩信。实力日渐强大的刘邦一直在汉中等待着时机，后来，齐国的田荣嫌项羽分封不公，起兵反叛，给刘邦创造了进兵的绝好机会。

　　公元前206年，刘邦让萧何任丞相，负责管理后方巴蜀地区，他和韩信

领兵从陈仓(今陕西省宝鸡市东)偷渡,迅速占领了关中地区。至此,楚汉战争正式爆发。楚汉战争分为两个阶段,前一阶段刘邦处于下风,屡次被项羽杀得大败而归。后来,刘邦离间了项羽和范增,逐渐占据上风。

公元前202年秋,刘邦会合各路援军共三十万,和项羽决战垓下。在总攻的那天夜里,项羽大营周围传来了楚国苍凉的民歌,项羽军队以为大势已去,军心大为涣散,而这歌声其实是汉军士兵的歌声。最终,项羽突围后被汉军追击,在乌江自刎而死,至此,楚汉战争以刘邦的胜利而告终。

公元前202年,刘邦正式称帝,定都长安,建立汉朝。就像刘邦自己总结的一样:"论运筹帷幄之中,决胜于千里之外,我不如张良;论抚慰百姓,供应粮草,我又不如萧何;论领兵百万,决战沙场,百战百胜,我不如韩信。可是,我能够做到知人善任,发挥他们的才干,这才是我能够战胜项羽,夺取天下的主要原因。"的确,论出身,论才学,刘邦大不如项羽,可是,他却最终战胜了项羽,以平民身份,在那个贵族门阀统治的时代建立了历史上存在时间最长的封建王朝,成就了一个传奇,这正是他知人善任的优点使然。

萧何像

西汉开国功臣陈平

说到三十六计中的"反间计",大家都不陌生,它是指在敌人之间或内部挑拨是非,引起纠纷,制造隔阂,破坏团结,使之反目成仇。这个计谋在古代战争中往往有着奇效,常常能不动一兵一卒便扭转局势。而这个著名的计谋最早出自于西汉名臣陈平。

陈平,生年不详,卒于公元前178年,阳武(今河南省原阳县)人,我国历史上伟大的谋略家,西汉王朝的开国功臣之一。在楚汉争霸时,陈平曾多次出计策帮助刘邦,为西汉的建立立下了汗马功劳。

陈平少年时期,家中十分贫困,可是他又偏偏喜欢读书游历,不喜欢待在家里干农活。陈平的哥哥不想陈平变成和自己一样的农夫,便主动接过了家中的担子,让他有更多的时间读书游历。

有一年,陈平刚从外面游历归来,正逢村里的社祭,大家推举他为社宰,为大家分肉。结果,陈平将肉一块块切得非常均匀,让大家都很满意。村里的乡亲们都夸奖陈平说:

陈平像

"这孩子，分肉分得太好了，做社宰很称职啊！"陈平自信地说："不光是做社宰，假如我能有机会治理天下的话，我也能像分肉一样做得很好。"由此可见，陈平少年时期便胸怀大志。

公元前209年，陈胜在大泽乡起义，并立魏咎为魏王。听到这个消息之后，陈平感觉自己的机会来了，随后陈平便辞别了兄长去投奔魏王。但是，在魏王帐下，陈平没有得到重用，于是他便转入项羽帐下。在项羽帐下，陈平仍然没有施展自己才华的机会。直到项羽设鸿门宴宴请刘邦时，陈平第一次见到了刘邦，刘邦的气度让陈平心折不已，于是陈平内心便有了投靠刘邦的想法。

鸿门赴宴之后，项羽虽然没有杀害刘邦，但是将他困在了咸阳一带。刘邦十分着急，便向张良问计。可是，对当时的情况，张良也是一筹莫展，这时，手下人提到了在楚营不得志的陈平，刘邦便决定冒险向陈平求救。

随后，张良乘黑夜偷偷去见陈平，说明了来意。其实陈平早有投靠刘邦的意思，所以当即便决定设计帮助刘邦渡过难关。

第二天清晨，陈平给项羽出主意，让项羽给楚怀王封个义帝的称号，送他去郴州养老，这样项羽便可以号令天下了。项羽听后十分高兴，便下令将楚怀王送去养老。这时陈平又说："大王应该派一名德高望重的人送楚怀王回乡，这样才能不被天下人笑话。"项羽问道："不知道谁能胜任这个角色？"陈平回答："亚父范增在军中声望很高，如果您派他去的话，天下人就不会说什么了。"于是，项羽就派范增送楚怀王回乡。

等到范增离开项羽的第二天，陈平又对项羽说："大王，现在诸侯们齐聚咸阳，而且每路诸侯的人马都不下四万人，军中消耗极大，如果不尽快解散诸侯联军，恐怕老百姓就负担不起了。"项羽一听，非常吃惊，马上下令解散诸侯联军，只留下了刘邦。

项羽扣住刘邦，也在陈平的意料之中，于是陈平又对项羽说："大王既然已经封刘邦为汉王，而且已经昭告天下，却扣押着他，不让他去上任，恐怕会失信于天下。等以后大王您登上了帝位，别人都会认为您不是一言九鼎的人，到那个时候，谁还会规规矩矩地执行您的命令呢？再说，大王您担心的不过是刘邦会不会崛起，我觉得亚父对刘邦的评价有些过高，您看刘邦的

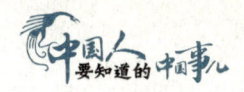

手下，只不过是一群乌合之众，他怎么能与大王争天下呢？假如大王还是不放心他，不如将他的家眷扣为人质，这样岂不是把刘邦牢牢地掌握在自己手中了吗？"项羽听后，觉得陈平说得有理，便下令让刘邦也回去了。

听到消息的刘邦心中欢喜无比，回营后立即拔寨起程。就这样，陈平的计策不仅救出了刘邦，也保留了刘邦的军队，为刘邦后来东山再起打下了坚实的基础。

公元前205年春，因为司马卬降汉的缘故，项羽迁怒于陈平，此后，陈平在楚营的地位越发低下了，甚至连自由都被限制，只能待在自己的营帐中。陈平觉得自己随时都有可能被项羽处死，再加上他已经认清了项羽莽夫的本质，认定他不会是最后的胜利者，于是在一个月黑风高的夜晚，陈平悄悄逃出楚营，投奔刘邦去了。

见到刘邦之后，陈刘二人纵论天下大事，聊得十分投机。刘邦破例任命陈平为都尉，留在身边做参乘（陪主子出行，为主子驾驭马车的官员），并命他监护三军将校。这样丰厚的封赏引起了很多将领的不满。后来，将领们纷纷举报陈平收受贿赂，认为他不应该得到重用。刘邦经不住众人再三举报陈平，也心生疑窦，将陈平叫来问道："你以前是辅佐魏王的，后来又转到楚霸王的帐下，而现在你又选择了投靠我，那你用什么来证明你的信义呢？"陈平不紧不慢地回答道："一件绝世武器，在不同人的手里发挥的作用也是不一样的。我辅佐魏王和楚霸王，可是他们不重用我，所以我离开了他们，想找一位能够信任我、能让我发挥才能的主子。至于收受贿赂，我是孤身一人来到您这儿的，身上什么也没有，所以才接受了别人的东西，不然我怎么生活呢？如果大王您不能信任我，请您放我一条生路，让我辞官回乡，安度余生吧。"刘邦听完陈平这一番话，觉得他说得很有道理，于是打消了心中的疑虑，又重重地封赏了陈平，并提升了他的官职，任命他为护军中尉，专门负责监督诸将。从此之后，陈平便一心一意辅佐刘邦，开始了他在刘邦手下的谋士之路。

公元前203年，楚汉之争到了最激烈的时刻。刘邦被项羽围困在荥阳城内达一年之久，粮草断绝的刘邦向项羽求和，项羽不许，刘邦十分忧虑。这时，陈平给刘邦献计，让刘邦拿出大量的黄金，用来买通楚营的一些将领，让这些人散布谣言说："在楚霸王的部下中，亚父范增和钟离眛的功劳

韩信像

最大,可以说,没有他们,楚霸王是不可能获得今天的成就的。而这么大的功劳楚霸王却没有合适的封赏,这两人早就不满了,他们已经和汉王约好,里应外合,除掉项羽,平分项羽的势力。"很快,这些话就传到了项羽的耳朵里,项羽果然对钟离昧和范增产生了怀疑,有什么重大的事情也不再跟他们两人商量了。

接着,陈平继续使用离间计离间项王和范增。陈平派人去跟项羽讲和,表示愿意将荥阳东面的土地分给楚,让项羽派使者来商谈。项羽派来的使者到达以后,被迎进了很好的住所,陈平还让手下给使者准备了很丰盛的食物,当使者满心欢喜地想要大快朵颐时,陈平来到使者面前,问使者道:"亚夫(范增)有什么吩咐?"使者一听,不解地问道:"我是大王派来的,你怎么问亚父有什么吩咐呢?"陈平一听,态度立即变得十分冷淡,命人将丰盛的食物撤下,并让使者换到了破旧的客房居住,而且再也不理他了。

使者受到如此羞辱,非常不满。等回到楚营后,使者添油加醋地把在汉营发生的事情告诉了项羽。从此,项羽对范增更加不信任了。范增对项羽忠心耿耿,但是看到项羽对自己越来越怀疑,觉得心灰意冷,于是对项羽说:"大王您已经基本夺得天下了,而我也年纪大了,身体也大不如以前了,恳请大王允许我回家养老。"项羽毫无挽留之意,准许了范增的请求,派人送他回乡。一路上,范增伤心不已,没想到自己辛辛苦苦辅佐项羽这么多年,最后竟然换来了这种结果。回到家乡不久,范增就一病不起,不久就离开了人世。陈平用了一个小小的反间计,就除掉了项羽最得力的助手,为后来项羽的失败和刘邦的成功起到了关键的推动作用。

随着范增的离去,项羽的势力逐渐被刘邦蚕食,终于,在公元前203年秋,刘邦采纳张良和陈平的建议,发兵攻打项羽。到公元前202年冬,项羽被围在垓下,汉军采取"十面埋伏"之计,击溃项羽,迫使他退至乌江自刎而亡。

作为西汉的开国功臣,陈平屡次凭他超人的智谋为刘邦的一统大业扫平障碍，他不光用离间计成功离间了项羽和范增，后来又献计诱擒了韩信，还通过贿赂匈奴单于宠妃阏氏而解了白登之围。但是，陈平惯于明哲保身、见风使舵，在吕后专权时，陈平虽贵为丞相，但是整日吃喝玩乐不理政务，吕后打破汉高祖刘邦"异性不王"的遗命时，陈平也不反对。吕后一死，陈平便立即拥护孝文帝登基，后来封侯拜相，位极人臣，可谓风光一时。但是正如陈平自己所说，他的计谋有损阴德，所以他的子孙后代在他死后都被革除了爵位，家族也没再获封。

叔孙通订朝仪

在汉武帝"罢黜百家，独尊儒术"之前，儒家的地位在人们心目中并不是那么高尚，尤其是在秦汉之交，各路诸侯征战不断，儒家生存得非常艰难，但是，一个名叫叔孙通的儒士却在这种乱世中始终坚持着自己的信仰，先后经历了秦二世、项羽、刘邦三个主子，并最终在刘邦统一天下之后，为西汉王朝制订朝仪，在历史上留下了自己的名字。

叔孙通，又名叔孙何，生年不详，约卒于公元前194年，旧鲁地薛（今山东省枣庄市薛城北）人。秦朝时期，叔孙通因为文才出众而被秦朝征召。在陈胜吴广起义的消息传到秦二世的耳中时，秦二世向许多儒生询问情况。除了叔孙通之外，几乎所有的儒生都按实际情况向秦二世做了汇报，但是他们都受到了秦二世的处罚。看见这种情况，叔孙通知道，在这个儒学势微的时期，自己应该放下儒士的尊严，尽自己的努力去帮助儒家延续道统。所以，叔孙通对秦二世说："在大王的英明领导之下，怎么会发生叛乱呢，这只不过是一群鸡鸣狗盗之辈在闹事罢了。"这些话让秦二世听了十分高兴，于是他重重赏赐了叔孙通。可是，其他的儒士却对叔孙通非常不满，他们认为叔孙通已经丢掉了儒家的气节。面对这种情况，叔孙通没有解释。直到西汉时期，儒学在朝堂中取得了一定的地位之后，叔孙通才重新恢复自己本来的面目，开始对许多事情据理力争，为儒家的荣誉而战。

过后看来，叔孙通的这种做法对当时的儒家学派的状况而言，是最为合理的。在王权统治的时代，一个学派如果想要取得发展就必须依赖君主，依赖政权，叔孙通的这种做法为儒家学派在朝堂上赢得了一席之地，有了这一席之地，才能有后来的儒士定朝仪，才能有儒家占据思想正统的局面。

明代画家刘俊所绘的《汉殿论功图》,此图取材于"汉殿论功"的典故。汉高祖刘邦初立,功臣在殿上争功邀赏,致拔剑砍殿柱

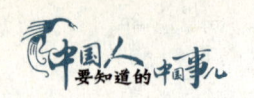

在朝堂之上，叔孙通小心翼翼地坚持着自己的信仰，他在等待着一个能让儒家学派大显身手的机会。直到在刘邦论功行赏的宴会上，叔孙通找到了儒家在朝堂上站稳脚跟的机会。

刘邦在取得天下之前是一个平民，所以他对秦朝的繁文缛节非常厌烦。汉朝建立时，刘邦就把秦朝的礼制全部废除了。可是，在庆功会上，当刘邦提议将头功封给萧何时，问题出现了。许多将领因为对刘邦的分封不服气而大吵大闹，他们说："因为有我们这些人冲锋陷阵，浴血杀敌，才有了今天这个局面。而萧何一直待在后方，他只是管理一下后勤，又没有立下汗马功劳，凭什么给他记头功？"面对这些将领的质疑，刘邦十分恼火，他高声质问将领们："你们知道在打猎的时候，猎狗起着什么作用吗？打天下其实和打猎是一个道理，你们只会冲锋陷阵，这跟猎狗一样。而萧何却是发号施令的，这就跟猎人一样，猎狗的功劳怎么会比猎人大呢？"

将领们听到自己被刘邦比作猎狗，心中更加不服气了，他们借着酒劲，在大殿上胡喊乱叫，更有甚者竟然将剑拔出来向殿上的柱子砍去，以发泄自己心中的怒火。好好的一场庆功宴，让这些人搅成了一锅粥。面对这种混乱局面，就连刘邦这个市井出身、见过无数次打架斗殴的人也头疼不已。他知道，这种情况必须要整顿了。

当叔孙通看见这种情况时，他知道，儒家的机会来了，于是，他对刘邦说："在争夺天下的时候，儒生并没有作出太大的贡献，这让我们感到非常遗憾，但是，对于治理天下，我们儒家还是很在行的。现在，我们儒生愿意为陛下解决朝廷缺乏礼仪的问题。我希望陛下能允许我们来制订礼仪，帮助陛下整顿朝堂的秩序。"

刘邦原本就对秦朝的繁琐礼仪比较头疼，所以，他对叔孙通的建议很犹豫，他害怕儒家制订的朝仪和秦朝的礼仪一样繁琐，所以，刘邦对叔孙通说："制订礼仪可以，但是不能太繁琐，要让我和诸位大臣都能轻易掌握。"叔孙通答道："礼仪

孔子是儒家思想的创始人，图为南宋著名画家马远所绘的《孔子像》

这东西，是可以根据时世的不同和人们的需要来制订的。远古时期，夏、商、周时期，礼仪都是不同的，我们可以在这些古礼的基础上制订出一套符合实际情况的新礼仪。而且，应陛下您的要求，这种礼仪不会太难学的。"叔孙通的这番话说服了刘邦，于是，刘邦将制订朝议的事交给了叔孙通。

叔孙通到儒家文化最盛行的鲁地召集了懂得古代礼仪的儒生三十人，再加上刘邦派给他的助手和自己的弟子，一共一百多人。随后，叔孙通在长安城外找了个地方，开始订制、演习朝仪。当他们感觉演习得差不多的时候，他们把刘邦请来检阅。刘邦看了叔孙通等儒士们的朝仪演习之后，当即采纳了叔孙通的这套礼仪，并决定在朝岁之时正式使用。

公元前200年秋，朝岁大礼在汉朝新建成的长乐宫举行。那一天，天刚蒙蒙亮，准备上朝的文武百官在宫门外静静地等待上朝。当传令之人发出上朝的号令之后，文武百官才缓慢而有序地进入大殿。在朝堂之上，文武百官排列整齐，以太尉为首的武将站在西边，面朝东方，以丞相为首的文臣则站在东边，面朝西方。刘邦现身朝堂时，文武百官都下跪迎接刘邦，等到刘邦登上御座，百官才可以起身。朝礼举行完毕后，刘邦赏赐文武百官饮法酒。喝法酒的时候也是有规定的，臣子必须将酒杯举到与自己额头同高的地方，然后高呼："谢酒！敬祝皇帝万寿无疆！"这才能喝酒。

在整个朝拜皇帝的过程中，有专门的人负责监察百官，看他们的行为是否有不合理的地方。在这么严肃的场面下，文武百官都十分认真，生怕自己哪个地方做得不合适而被监察的人发现。最后，这场朝岁大礼在叔孙通的有序组织和百官的尽心配合之下取得了圆满成功，而刘邦也因为这件事而欣喜异常，这场仪式让刘邦体验到了真正的皇帝威严。欣喜之下，刘邦重重赏赐了叔孙通，并封他为太常，主管礼乐宗庙。刘邦的认可让叔孙通非常高兴，他并不是为自己得封高位而欣喜，而是为儒家能在朝堂上正式占据一席之地而欣喜。

自从朝仪确定之后，朝廷之上井然有序，再也没有出现之前庆功宴上那种混乱的局面。而刘邦也逐渐发现儒家在治国方面的优势，对儒家也越来越器重，这为儒家学派后来在朝堂之上确定自己的地位打下了基础。

英年早逝的才子贾谊

贾谊（公元前200年—前168年），洛阳人，西汉初年著名的儒家学者、政论家、文学家，人称贾生、贾子、贾长沙。贾谊出生时，西汉政权刚刚建立，这个时代既给贾谊带来了施展才华的机会和舞台，也让他的人生充满了坎坷和痛苦。

贾谊的童年和少年时期过得比较幸福，他生活在一个和平稳定的环境中，从小他就刻苦学习，博览群书，先秦诸子百家的书籍是他少年时期最好的伙伴。在少年时期，贾谊就跟着荀子的弟子——秦朝的博士张苍学习《春秋左氏传》，后来贾谊还做过《左传》的注释，对儒家思想颇有研究。此外，贾谊还对道家的学说也有不少研究，青少年时期，贾谊就写出了《道德论》、《道术》等论著。贾谊还十分酷爱文学，他最喜欢的是战国末期伟大诗人屈原的著作。十八岁时，贾谊就在他的家乡河南郡出了名，河南郡的人们都知道这里出了一位年轻的饱学之士，能诵《诗经》、《尚书》，写得一手好文章。当时的河南郡守吴公对贾谊十分欣赏，于是将贾谊招到自己的门下，并潜心教导他。在吴公的教导下，贾谊不再局限于作词作赋，拜读名著了，他开始关注这个国家的政治。

汉文帝元年（公元前179

贾谊像

年），吴公被汉文帝传进京城，任命为廷尉。身居高位的吴公并没有忘记他的得意门生贾谊，他对汉文帝说："我的学生贾谊自幼熟读诸子百家之书，实在是一个年轻有为的人才，我把他推荐给您，希望他能有机会为国家效力。"听到吴公对贾谊的评价，汉文帝对贾谊这个青年颇感兴趣。在经过考察之后，文帝发现，这个年轻小伙子确实满腹经纶，于是，汉文帝任命贾谊为博士，使贾谊成为了当时最年轻的博士，那一年，贾谊二十一岁。就这样，贾谊顺利地走上了仕途。

"博士"最早是一种官名，始见于战国时代，负责保管文献档案，编撰著述，掌通古今，传授学问。汉代的博士职能有所变化，他们的重要职能之一是当皇帝的谋士。当皇帝有什么问题时，他们要为皇帝出谋划策，供皇帝参考。这给了贾谊展示自己的平台，每当汉文帝提出问题让博士们讨论时，贾谊总能提出一些有用的建议，再加上年轻的他心思比较单纯，发表建议时没有什么顾虑，说出了许多博士想说又不敢说的话。所以，贾谊很快便赢得了汉文帝的赞赏。对于这位一身正气的年轻博士，汉文帝非常重视，因此，不到一年时间，贾谊便被破格提拔为太中大夫。

汉文帝二年（公元前178年），贾谊写了著名的《论积贮疏》，在文中，他指出，现今社会对商业太过重视了，人们都将精力投入到了商业上，这严重影响了农业的发展，这种现象是舍本逐末的，对国家的统治很不利。所以，贾谊向汉文帝提出了重农抑商的建议。汉文帝采纳了贾谊的建议，下令鼓励农业生产，限制商业的发展。这种措施对恢复经济、建立封建统治的经济基础起了积极作用，但是，从长远来看，重农抑商政策对于中国未来的发展有很大的消极影响，它限制了商品经济的发展，大大地延缓了中国的发展脚步。中国的封建社会持续了长达两千

汉文帝刘恒像

年之久，与重农抑商政策有很大关系。

除此之外，贾谊还帮助汉文帝修改和订立了许多政策和法令，为巩固汉朝的统治起到了很大的帮助作用。在贾谊提出的诸多建议中，有一点建议是遣送列侯离开京城回到自己的封地。其实，这项建议很多人都想提，但是他们害怕得罪权贵，所以选择了沉默，只有贾谊提出来了。汉文帝采纳了贾谊的建议，他命令当时朝中功劳最大、权势最重的周勃带头，让他主动辞去丞相之位，回到自己的封地去，并陆续将权贵们遣出京师。那些不愿离京的权贵们不敢对汉文帝表示不满，于是就将仇都记到了贾谊头上，贾谊因此得罪了一大批贵族。当汉文帝准备提拔贾谊"任公卿之位"，主持变法时，大臣们纷纷上疏抨击贾谊，说他年纪轻轻，却仗着有一点文采向上攀爬，这种一心只为升官的人不能担当大任。汉文帝不能忽视位高权重的大臣们的想法，就只好放弃了提拔贾谊的打算。

贾谊不光得罪了一大帮权贵，还得罪了汉文帝身边的宠臣邓通。邓通是一个毫无本事的人，他的发迹是源于汉文帝的一个荒唐的梦。古代的人是很迷信的，皇帝也一样。有一天夜里，汉文帝梦见自己要飞上天，可是飞了好几次，却总是差那么一点，焦急的汉文帝正发愁如何飞上天时，突然后面有人推了他一把，于是，他成功地飞上了天。汉文帝在梦中回头看，发现是一个头戴黄帽子的人帮助了他。醒来后，汉文帝便微服去寻找这个人。结果，邓通很幸运地被汉文帝当做了这个人，从此便成为了汉文帝的宠臣。对于这种无才无德的人，贾谊深恶痛绝，所以，每次见到邓通时，贾谊都不会给邓通好脸色，有时候还讽刺邓通。于是，邓通心里便深深地恨上了贾谊。因此，只要一瞅准机会，邓通就在汉文帝面前说贾谊的坏话。外有权贵攻击，内有邓通进谗，在这种内外夹攻的局面下，贾谊几乎无立锥之地，更别谈施展才华和抱负了。而汉文帝看贾谊越来越没什么作为了，也相信了那些谗言，将贾谊贬出了京城。

贾谊被贬到长沙国去当长沙王的太傅。在前往长沙国的途中，贾谊想到了伟大的爱国诗人屈原。屈原也是遭到佞臣权贵的诋毁而被贬，并最终投汨罗江而死。这时的贾谊觉得他与屈原的遭遇何其相似，于是便写下了一首《吊屈原赋》，以表达对屈原的崇敬之心并抒发自己的怨愤之情。在长沙国居住时，有一次，一只猫头鹰飞进了贾谊的屋子，贾谊心生感慨，写下了著名的《鵩（fú）鸟赋》，鹏鸟即猫头鹰，猫头鹰在当时被誉为不祥的征兆，看见猫头鹰进屋，贾谊心里很伤感，于是便写下这篇文章宽慰自己。

汉文帝七年（公元前173年），贾谊被召回长安。回到长安之后，贾谊多次向汉文帝上疏，提醒汉文帝注意危机，为汉文帝敲响警钟。当时济北王刘兴居、淮南王刘长接连叛乱，吴王刘濞（bì）企图叛乱的消息也时有所闻，匈奴也经常侵扰西汉北部边境。贾谊透过当时政治局势的表面稳定，看到了其中潜伏着严重的危机，对此深为关切和忧虑。贾谊接连多次向汉文帝上疏，为汉文帝敲响警钟。贾谊从长沙国回长安后所上的《治安策》（也叫《陈政事疏》）提出了消除分封诸侯等一系列有效措施，对汉文帝巩固西汉政权帮助很大。

汉文帝十二年（公元前168年），由于弟子梁怀王的去世和对国家的担忧，贾谊抑郁而终，享年三十三岁。虽然贾谊的一生很短暂，但是他在这有限的时间里做出了许多成就，他的许多建议有效地帮助了汉文帝巩固了政权。可以说，汉朝取得的辉煌成就与贾谊的诸多中肯建议是分不开的。此外，贾谊的《吊屈原赋》、《过秦论》、《陈政事疏》等文章也是中华文化的珍贵遗产。在短短三十几年时间里，贾谊对政治、文学都作出了不可磨灭的贡献。

汉武大帝刘彻

对于汉武帝这位西汉初年的有为君主，史书对他的评价充满了争议。在班固的《汉书·武帝纪》中，他对汉武帝的评价可以简短地概括为四个字：雄才大略。而在司马光的《资治通鉴》中，司马迁认为汉武帝穷奢极欲、繁刑重敛、内侈宫室、外事四夷、信惑神怪、巡游无度。为什么不同的史学家会对汉武帝有着几乎完全不同的评价呢？其实，这是他们对汉武帝的某些作为或者说是某一时段的评价。也许，将两种评价综合起来的汉武帝才是真正的汉武帝。

汉景帝前元元年（公元前156年），汉景帝刚刚登基的时候，他的第十个儿子出生了，这就是未来的汉武帝刘彻。刘彻排行第十，这就基本上注定了他本与皇位无缘，再加上他的母亲只是一个美人，刘彻就更没有当皇帝的机会了，可他是怎么被立为太子，怎么登上皇位的呢？这就要从"金屋藏娇"这个典故说起了。

汉景帝刘启像

在刘彻被立为太子之前，太子是他的哥哥刘荣，而刘彻只是太子的一个小跟屁虫罢了。他们兄弟俩经常去汉景帝的姐姐长公主府上玩。当时的长公主一心想让自己的女儿陈阿娇成为未来的皇后，所以她向太子刘荣的母亲栗姬表明了自己的想法。让长公主没想到的是，栗姬不但拒绝了长公主的提议，还

对她百般嘲讽，这让长公主非常尴尬。于是，长公主恨上了栗姬。

有一次，刘彻跟着哥哥太子刘荣到长公主府上玩，长公主郁闷，便和小跟屁虫刘彻开玩笑地说道："刘彻啊，如果我把阿娇许配给你，你高不高兴啊？"这本来是长公主开的一个小玩笑，可是没想到刘彻一本正经地回答道："如果是那样的话，我就亲手给阿娇建一栋金色的屋子，让她住在里面。"刘彻的回答让长公主很震惊，于是她的心思活泛了起来："我何不帮助刘彻去争那个太子的位置呢？如果成功的话，不但阿娇能成为皇后，而且我还可以报了被栗姬羞辱的仇。"于是，长公主开始活动，她凭借自己在汉景帝面前的影响力开始为刘彻铺路。经过长公主的推荐，汉景帝开始重视自己这个小儿子，结果，在长公主的不断努力之下，汉景帝终于决定：改立刘彻为太子。于是，当时只有七岁的刘彻稀里糊涂地被天上掉下的馅饼砸中了，登上了自己想都不敢想的太子之位。

汉武帝刘彻像

刘彻做了太子之后，变得更加勤奋，他拜在当时著名的学者卫绾门下学习。在刘彻做太子的那段时间里，他认真学习各方面的知识，熟习骑马射箭，在思想上逐渐强大起来。

公元前140年，十六岁的刘彻正式继承了皇位，即汉武帝。即位之后，汉武帝雄心勃勃，一心想把文景之治的盛世延续下去。于是他开始和自己的祖母——当时掌权的窦太后集团斗法。为了削减窦太后的影响力，汉武帝开始重用儒生。就在汉武帝正紧锣密鼓地筹备自己的改革时，历史上著名的儒学家董仲舒进入他的视野。

公元前135年，窦太后去世，汉武帝终于迎来了改革的良机。于是，他开始加强中央集权，在全国推行改革。

在汉武帝的一系列改革中，他首先推行的是思想改革，他放弃了汉初以来道家的无为而治思想，将儒家思想推向前台，而在这场思想改革中，董仲舒是汉

武帝的先锋。董仲舒提出了"天人合一,君权神授"的思想,即宣扬君主的权力来自上天的赐予,使皇权神化。除此之外,董仲舒还提出实施仁政,强调法制,"德主刑辅",即先对百姓进行教育,教育无效时再用刑罚来镇压,这是一种刚柔并济的治国方针。这些思想对于汉武帝的统治帮助极大,而统治中国思想长达几千年的儒家思想就在汉武帝时形成了。

董仲舒像

在汉高祖刘邦取得天下之后,他将刘氏宗族分封到各地做诸侯,以加强统治。但是,随着时间的推移,这些诸侯变得越来越跋扈,他们中的很多人仗着自己皇亲国戚的身份欺压百姓,对抗朝廷,不肯服从朝廷的管辖。为了彻底削弱诸侯王的势力,汉武帝登基后颁布了"推恩令"。推恩令的主要内容是:诸侯王的王位除了由嫡长子继承以外,还需要用"推恩"的形式让其他的儿子也分到土地。分封之后,新的侯国脱离原来的王国,成为一个独立的个体。结果,通过推恩,诸侯国越分越小,权力也越分越小,慢慢地,权力就集中到中央政府手中了。

为了进一步加强中央集权,汉武帝将全国分成了十三个监察区,每个区域派出一名刺史(刺史:"刺"即是刺举,也就是侦视不法,"史"是指皇帝派出的使者)专门负责监察地方。刺史的作用主要是为了防止郡守和地方的豪强们相互勾结,对抗中央,以防原来同姓王犯上作乱的局面出现。与此同时,还要将地方官员的所作所为记录在案,以便向中央推荐政绩较好的官吏,而对于政绩不好的官吏,刺史需要向中央汇报罢免。

在巩固了自己的统治之后,汉武帝决定将卡在喉咙的刺彻底拔除,这根刺就是匈奴。对于汉朝来说,匈奴就像是挥之不去的梦魇。自汉朝建立以来,匈奴的威胁像一座大山一样压在历任皇帝身上。汉高祖刘邦统治时期,匈奴烧杀抢掠,汉朝委曲求全,提出"和亲"方案,这一切都让汉武帝这位雄主愤怒。

从公元前133年至公元前119年，汉武帝派兵和匈奴进行了多次作战。战争中涌现了以卫青和霍去病为代表的大批优秀将领，他们一次次击败匈奴，一次次收复失地，将匈奴打得闻风丧胆。尤其像卫青和霍去病，更是杀得匈奴远遁，自此之后，漠北再无匈奴王庭。这些大胜，使得北部边疆的百姓终于能够安定下来，不再受匈奴的侵扰，国家也变得统一安定了。十年之后，长城内外"马牛放纵，畜积布野"，经济得到了迅速发展，人民过上了安定充裕的生活。

但是，汉武帝这样一位雄主，却在自己最辉煌的时候变成了另外一个人，他变得穷兵黩武，穷奢极欲，他大肆修建宫殿，加重赋税刑罚，让曾经对他感恩戴德的百姓处在水深火热之中。好在汉武帝在晚年时期认识到了自己的错误，他颁布罪己诏进行自我批评，公开向天下百姓认错，这样的作为，虽不能掩盖自己的错误，但是却让天下人见识到了汉武帝的博大胸襟！

军事天才霍去病

在中国两千年的封建历史上，一位十八岁的少年曾被封为"冠军侯"。冠军侯这个爵位的获封要求非常苛刻，他要求获得这个爵位的人必须在二十岁以下，必须勇冠三军，必须立下赫赫战功，只有这样的人才能配得上这个称号，而汉朝的冠军侯——霍去病，就当得起这个称号。

霍去病（公元前140年—前117年），河东郡平阳县（今山西省临汾市西南）人。霍去病生在一个很传奇的家庭，他的外祖母卫媪是平阳公主的侍婢，和平阳县吏私通生下了他的舅舅——汉朝大将军卫青。卫媪还生了几个儿女，其中三女儿卫子夫后来成了大汉皇后。应该庆幸的是，卫媪生活在一个社会风气开放的时代，而且她的主子平阳公主是个宽容大度的人，这样，她才能有三个名人后代——两个大将军和一个大汉皇后。

霍去病是卫媪的次女卫少儿和平阳县小吏霍仲孺的孩子。卫少儿是个私生子，她的儿子霍去病也是个私生子。霍去病的生父霍仲儒后来跟霍去病的母亲卫少儿分手，回乡后另外娶妻，有了另一个儿子霍光（汉昭帝刘弗陵的辅政大臣）。因为霍去病的母亲卫少儿只是一个侍婢，霍去病又是二人私通所生，所以霍仲儒一直不敢承认霍去病的身份，这种出身让霍仲儒深信，自

霍去病像

己的这个儿子是不会有任何前途的。但是，奇迹出现了。

霍去病的姨母卫子夫是平阳侯府中的歌伎，颇有姿色，汉武帝去平阳公主府中时看到了卫子夫，并对她一见钟情，还当夜临幸了卫子夫，回宫时便把她带进了宫中。卫子夫进宫后并未立刻获得圣宠，一年后才再得汉武帝临幸并有了身孕，后被封为夫人。从此之后，卫家的命运彻底转变了。霍去病的母亲卫少儿和姨母卫君孺都改嫁给了在朝官员，舅舅卫青做了太中大夫，此时只有三四岁的霍去病一下子从奴仆的后代变成了官宦子弟。

西汉初年，强大的匈奴不停骚扰汉朝边境，他们烧杀抢掠，使北方边境的百姓处在水深火热之中。汉高祖刘邦曾经试图攻击匈奴，但是，新生的汉朝无法阻挡匈奴的铁骑，就连汉高祖也差点被匈奴俘虏，于是，汉朝选择了耻辱的和亲政策，并一直延续了下来。到汉武帝时期，汉朝已经根基渐稳，汉武帝再也无法忍受这种耻辱，他下定决心，一定要洗刷这种耻辱。

于是，汉武帝开始准备对匈奴的反击，同时他也在寻找可以领兵打仗的将才。后来，霍去病的舅舅卫青被汉武帝相中。元光五年（公元前130年），卫青官拜车骑将军，和另外三名将领各率一支军队出塞远击匈奴。在这四路大军中，最让人担心的就是卫青的这一路人马，汉武帝也对卫青这一支军队有些担心。可是，结果让人们大跌眼镜的是，四支军队，三支溃败，只有卫青这个刚刚领军的车骑将军，出上谷直捣龙城，斩敌七百余人，获得了胜利。汉武帝因此对卫青越加重视。自此之后，卫青经常领兵出击匈奴，立下了无数战功。

正当卫青在北部边疆建功立业的时候，他的外甥霍去病也渐渐地长大了。从小深受舅舅卫青影响的霍去病对于弓马骑射非常热爱，所以，他每天都花很多时间练习骑射。闲暇时间，霍去病又将自己埋在兵书之中，疯狂地吸收着各种军事知识。霍去病苦练本领，等待着自己杀敌立功的那一天的到来。

霍光像

元朔六年（公元前123年），漠南之战爆发，未满十八岁的霍去病主动请缨参战。于是，汉武帝封他为骠姚校尉，让他随军出征。当时的汉武帝只是想让霍去病去感受一下战场的氛围，并没有对他立功抱有多大的希望。

可是，这次的战争并没有取得预期的效果。卫青派出去的四路大军并没有取得满意的战果，杀敌最多的一路只斩杀了不到一千人马，而有一路甚至连匈奴的面都没见着，这让卫青非常恼火。正当卫青十分郁闷的时候，手下又禀报说，他的外甥霍去病从清晨出营探察敌情，到现在还没有回来，这个消息让卫青又急又怒。

卫青像

霍去病去了哪里了呢？原来，霍去病在率领自己的八百手下侦查时，发现了一处匈奴的营帐。"初生牛犊不怕虎"，霍去病率领手下的八百士兵冲进了全无防备的匈奴大营。霍去病认准营地中最大的一座帐篷冲了进去，斩杀了帐篷中的匈奴头领，将他们的头颅悬于腰间，然后又乘乱斩杀了超过两千名匈奴士兵，冲出了大营。头领被斩杀的匈奴大营一片混乱，根本没有组织士兵追击霍去病，就这样，霍去病安全地回到了汉军大营。

正当卫青准备派人去找这个"不懂事"的外甥时，外面传来了吵闹声。卫青出去一看，发现是自己的外甥浑身是血地回来了，而且霍去病的腰间别着匈奴头领的人头。卫青十分震惊，那人头可是匈奴单于叔叔的人头和匈奴丞相的人头啊！一个未满十八岁的少年能有如此壮举，实在令人感叹。

直到后来，霍去病才知道自己斩杀的头领竟然是如此重要的人物。就这样，霍去病第一次出征就立下了如此大的功劳，斩杀了两个重要的匈奴头领，这可不亚于斩杀十万匈奴士兵。汉武帝听闻这件事后大喜，当即封霍去病为"冠军侯"，赞叹他勇冠三军。

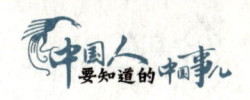

之后，霍去病越战越勇。元狩二年（公元前121年）春天，霍去病被任命为骠骑将军，独自率领一万精兵出征匈奴。年仅十九岁的统帅霍去病率部在大漠中奋力奔袭，绕到了匈奴后方，六天内转战匈奴五部落，将卢侯王和折兰王斩于马下，俘虏了浑邪王子及相国、都尉等一大批人，杀得匈奴闻风丧胆。同年夏天，霍去病被汉武帝任命为三军统帅，飞将军李广等老将成了一个不到二十岁的少年的手下，在李广等人接连失利的情况下，霍去病选择孤军深入，在祁连山一带斩敌三万余人，俘虏匈奴王爷五人以及匈奴大小阏氏、匈奴王子五十九人，相国将军当户都尉共计六十三人。

经此一战，汉王朝收复了河西平原。从此，十九岁的霍去病成了匈奴人心中永远挥之不去的梦魇。被霍去病杀得丢盔弃甲的匈奴人悲哀地唱道："亡我祁连山，使我六畜不蕃息；失我焉支山，使我妇女无颜色。"

元狩四年（公元前119年），为了彻底消灭匈奴主力，汉武帝发起了规模空前的"漠北大战"。这场大战是霍去病抗击匈奴以来战绩最为出色的一场战争，他在深入漠北寻找匈奴主力的过程中，歼灭敌军七万余人，俘虏匈奴王爷三人，以及将军相国当户都尉八十三人。霍去病一直追杀匈奴，直到杀到狼居胥山。在狼居胥山，霍去病暂作停顿，在此举行了祭天仪式。漠北之战后，"匈奴远遁，而漠南无王庭"。霍去病和他的"封狼居胥"，从此成为中国历代兵家人生的最高追求，而这时霍去病才二十二岁。

以如此年纪，立下这等不世功勋，霍去病的人生堪称完美，但天妒英才，元狩六年（公元前117年），霍去病因病去世，享年二十四岁。

恢复先祖荣光的汉光武帝刘秀

公元前202年，汉高祖刘邦建立汉朝，史称西汉，结束了暴秦统治。后来汉高祖的子孙汉文帝、汉景帝等贤明君主又创造了"文景之治"的辉煌，使中国成为了雄踞世界东方的超级大国。然而，强大的王朝也抵挡不了其内部的腐朽，西汉自汉元帝以来，朝政日益衰败。在腐朽的西汉被外戚灭亡时，曾经的刘氏子孙并不甘心失败，他们一个个站了出来，希望能够重新恢复祖先的荣光。在这些刘氏子孙当中，成就最突出的，可以说是史上著名的中兴之主，建立东汉王朝的汉光武帝刘秀了。

刘秀（公元前5年—公元57年），中国历史上著名的政治家、军事家，东汉王朝的开国皇帝。刘秀虽为皇族后裔，但是他这一支属于远支旁庶的一脉，尤其是到了西汉后期，刘氏皇族的子孙遍布天下。刘秀的这一支族人又生活在南阳，因此地位是一代不如一代，到了刘秀这里，更是完全成了布衣平民。刘秀为人"多权略"（《太平御览》卷九十引《东观汉记》），处事极为谨慎，这也决定了他日后能够举事成功。

西汉末年，朝廷越来越腐败，土地兼并之风愈演愈烈，大批农民失去了自己的土地，沦为了贵族的奴婢，社会矛盾空前激化。当时，大多数人的内心深处都认为汉王朝马上就要灭亡了。在这种"人心思乱"的局势下，外戚王莽夺取了西汉政权，于公元9年，代汉建新。王莽建立新

汉光武帝刘秀像

朝之后，开始对西汉旧制进行改革。但是，他的改革触动了封建社会的根基——封建土地所有制。历史发展的潮流注定了王莽的失败，他的改革不但没有根除以前的弊端，反而使得社会矛盾越发激化了。

新朝末年，天灾不断，人祸不息，百姓们生活在水深火热之中，各地农民军纷纷揭竿而起，天下顿时大乱。刘秀所在的南阳郡的宗族也纷纷准备起事，大家对刘秀的才能非常信任，纷纷劝刘秀和他们一起图谋大事。经过一番深思，刘秀认为时机已经成熟，便与其兄长在舂陵起兵。

舂陵起事之后，刘秀等人的队伍迅速壮大到十多万。然而，随着势力的壮大，队伍内部开始争权夺利，钩心斗角。看到这种情况，刘秀内心十分恼火，他生怕自己恢复祖先荣光的理想被这些目光短浅的家伙葬送，于是提议拥立一位刘姓皇帝。结果，舂陵侯刘仁的曾孙——号称更始将军的刘玄被推举为皇帝。刘玄称帝后，改元为更始元年，刘秀被封为太常偏将军。

起义军的凶猛令王莽十分震惊，他急忙调集数十万人马，并号称百万大军，前往镇压起义军。在昆阳一带，王莽的"百万大军"与刘秀率领的十万起义军相遇。面对如此强敌，许多将领纷纷建议撤退，但是，刘秀却说："现在我们兵力集中，誓死一拼，尚有一线生机，假如我们撤退的话，军队的士气必然低落，到时候，敌军在后面追击我们，可能会一点一点将我们蚕食。"于是，刘秀亲自率领三千人，冲向新朝军队的中军大营。实力强大的新朝大军没想到起义军竟然有如此大的勇气，顿时被打了一个措手不及，阵形变得混乱不堪。而起义军士兵见到主帅如此勇猛，士气大振，军队战斗力倍增。刘秀成功地导演了一场以少胜多的大戏，成功地击溃了新朝的百万大军。昆阳一战敲响了王莽政权的丧钟，同时提高了刘秀的威望。但是，刘秀的才能让更始帝刘玄对他十分忌惮，两人的矛盾变得越来越尖锐。

更始元年（23年）九月，绿林军攻入长安，杀死王莽，王莽政权灭亡。之后，许多老臣都纷纷赶来迎接更始帝刘玄，可是在见到刘玄之后，刘玄的怯懦和邋遢令老臣们很是失望，反倒是仪表堂堂的刘秀令他们眼前一亮，因此，很多老臣对刘秀很是亲近。看到这种情况，更始帝十分恐慌，他生怕刘秀联合这些老臣推翻自己，于是将刘秀调出了长安，派往河北进行招抚。这正符合刘秀的心意，因为这样他终于可以摆脱更始帝的监视，放心地壮大自己的实力了。在河北,刘秀每到一处,都会考察官吏,优者留任,劣者淘汰;除此之外,他还平反冤狱,释放囚徒;废除新朝制度,重新恢复汉制。

对于农民军,刘秀并不是一味地镇压,而是采取了分化、瓦解、收编为主的政策。这样一来,割据局面被逐渐瓦解,刘秀在此过程中也壮大了自己的军事力量。经过近两年时间的经营,刘秀将河北地区牢牢地控制在了自己手中。这时,更始帝派来了使者,要召刘秀回长安。刘秀知道,只要自己回去,等待自己的只有死亡,于是,他以"河北未平"的理由回绝了更始帝的传召。自此,刘秀与更始帝的矛盾开始明朗化。

更始三年(25年)六月,已经拥兵百万的刘秀在手下的拥戴下,于河北鄗(hào)城(今河北省柏乡县固城店镇)的千秋亭即皇帝位,因为刘秀一直以来都以光复汉室为己任,所以,他仍以"汉"为国号,史称东汉。刘秀建立东汉之后,以建武为年号,后来又以洛阳为都城,开启了属于自己的时代。之后,刘秀花了长达十二年时间扫平关东,收复关陇,拿下蜀地,终于使自新朝末年以来四分五裂、战火连年的中国再次归于一统。

用长矛利刃取得天下之后,刘秀将利器收了起来。因为他知道,百姓并不是依靠武力来治理的,所以,他确立了一套新的治国方略,其核心是偃武修文、以柔治国。

实施这样的治国方略对于刘秀来说并不困难,因为他本身就是一个儒学爱好者。刘秀大力倡导儒学,希望能凭借儒家思想改造他的官吏队伍,以适应由取天下向守天下转变的这一需要。随着刘秀偃武修文政策的实施,儒学在华夏大地兴盛起来。刘秀逐渐改变了官吏队伍的结构,他用文吏慢慢替代功臣武将,让武将们交出手中的权力,离开朝堂,回到家中做一个富家翁,让那些真正懂得治理天下的人正式走向朝堂。

刘秀认为,以柔治国才会使天下太平,百姓安康,这样国家才能长治久安。所以,在统一天下的过程中,对于敌对势力,刘秀并没有进行血腥镇压,因为他知道,这些人当中,有许多是因为生活所迫才走上反判之路的,所以,每击败一支起义军,只要是投降的,刘秀一般都会既往不咎。

此外,刘秀还颁布了一些有利于奴婢的政令。在西汉后期到新朝时期,由于土地兼并严重,大量农民被迫当了贵族的奴婢。面对这种情况,刘秀下诏宣布:在各种情况下变成奴婢的,一律免为平民,而且不必偿还主人当时掳的奴婢的卖身钱；如果有人出卖妻子，妻子想归父母者，从其便；如果主人刁难，按律论处。汉光武帝在十二年内曾多次下诏恢复奴婢的身份，使得许多农民重新回到了自己的田地上，这对恢复生产起到了非常积极的作用。

在刘秀的精心治理之下，千疮百孔的大地重新变得富饶起来。刘秀又恢复了汉景帝时期"三十税一"的制度，降低了百姓的负担，使得华夏大地一片祥和。

东汉第二任皇帝——汉明帝刘庄

汉光武帝刘秀虽然是没落贵族出身，但是他靠自己的努力开创了东汉近两百年的刘氏基业。他能取得如此成就，不光因为他文武双全，颇有治理国家的头脑，还因为他有着礼贤下士、求贤若渴的品德，赢得了臣心、军心、民心。刘秀是个非常重感情讲义气的人，他对待手下那些和他一起打天下的将领们就像对待自己的亲生兄弟一样。建国后，刘秀给这些功臣加官晋爵，一次就封了三百六十多人为列侯，刘秀给这些功臣们封地、封官，给他们实权。除了大将李通、邓禹、贾复三人参与军国大事的讨论之外，其他功臣都得以颐养天年。而且刘秀承诺这些功臣们，如果他们节制自己的行为，在地方有所作为，他们死后可以把爵位传给子孙。遥想汉光武帝的祖辈汉高祖刘邦，他在建国后将那些开国功臣以莫须有的罪名杀得所剩无几，可以看出，在对待人才、赢得人心方面，汉光武帝刘秀的作为可以说超越了他的祖辈。

刘秀在位三十三年，大兴儒学、推崇气节，史学家称他是中国历史上学历最高、最会打仗、最会用人的皇帝，东汉一朝也被后世史学家推崇为中国历史上"风光最美、儒学最盛"的时代。

班超投笔从戎

东汉时,丝绸之路已经不复当年的荣光,它再一次被汉朝最大的敌人匈奴截断了,而汉朝也渐渐地失去了对西域的控制。当东汉迫切地希望打通丝绸之路,恢复曾经的盛况时,班超站了出来。

班超(32年—102年),字仲升,扶风平陵(今陕西省咸阳市东北)人,东汉著名的军事家和外交家,著名史学家班彪的幼子。班超从小胸怀大志,虽然博览群书,却十分向往杀敌报国的军旅生活。小时候,班超经常给小伙伴们讲他从书中读到的故事,其中讲得最多的就是张骞通西域的故事。班超非常钦佩西汉的张骞,立志要像张骞那样干出一番事业来,认为只有那样才算是活得有价值。

东汉明帝永平五年(62年),因为哥哥入京做官,班超和母亲也一起迁到了洛阳。来到京城后,班超靠替官府抄写文书挣钱来补贴家用。班超经常在抄书时突然把笔一扔,感慨地说:"生为大丈夫不能胸无志向,应该像张骞一样,在异域建立功勋,将来封爵拜候,怎么能与笔墨纸砚相伴一生呢?"旁人听到他的话都嘲笑他,班超生气地说:"你们怎么能懂得我的志向!"

当时,草原上的匈奴逐渐强大起来,经常在北方、河西一带的郡县烧杀抢掠,给边疆人民带来了深重的灾难。而且匈奴控制了西域,断绝了西域(西域是指甘肃

班超像

玉门关和阳关以西,葱岭以东,新疆天山南北等地区)与东汉之间的交流往来,使东汉失去了对西域的控制。深受匈奴迫害的西域政权曾多次派使者到洛阳,请求东汉政府派兵驱逐匈奴。面对这种情况,汉明帝决心征伐匈奴,扫除西域和东汉之间的障碍。班超听见消息后,立马扔下手中的笔,说道:"大丈夫志在投军,一个文职不能束缚我。"随后毅然从军。

73年,东汉派窦固率领军队,远出塞外攻击匈奴,班超跟随窦固出征。在战争中,班超崭露头角,他以假司马(官名。汉官名凡加"假"者,是副贰的意思)的军职带领一支偏师,出击伊吾卢(今新疆哈密),杀敌无数,大胜而归,立下了赫赫战功。窦固非常欣赏班超的才能,希望他能和从事郭恂一起出使西域,班超高兴地说:"这一直就是我的理想啊!"窦顾问班超需要准备些什么东西,班超说:"只需要几十个人和几十匹马,外加一些必备物资就可以了,不需要太多的东西。"

经过简单的准备后,班超率领三十六名士兵出发前往西域,他们首先到达的是西域的鄯善(今新疆若羌)。鄯善王非常激动,热情地款待了班超一行人。可是没过几天,鄯善王的态度忽然变得冷淡起来了。班超感到很疑惑,心想肯定有什么变故导致了鄯善王的态度变化。后来,班超了解到,原来匈奴的使者带兵到鄯善已经好几天了,正在鄯善进行游说。鄯善王受到了匈奴人的威胁,心中十分害怕,所以不敢与汉朝的使者亲近了。班超发现后,立即召集随行人员商量对策。班超说:"我们现在处境很危险,匈奴使者已经来到了鄯善,甚至已经知道了我们的行踪,大家出出主意,我们该怎么办?"随从们齐声回答:"我们一切听从您的吩咐。"班超说:"假如鄯善王把我们交给匈奴人,那么我们将死无葬身之地。不入虎穴,焉得虎子,现在只有破釜沉舟了。咱们今晚悄悄袭击匈奴大营,只有杀了匈奴人,才能让鄯善王死心塌地地归顺朝廷,这样我们才能逢凶化吉。"

当晚,月黑风高,班超乘黑率领三十六名随从袭击了匈奴营地。班超命令十名士兵带着战鼓,悄悄潜伏到匈奴营地后面,其余的人随他带着刀弓箭弩,来到营地前面。当匈奴人都睡熟之后,班超命令士兵沿着营地周围放火。那天正好风很大,风借火势,火借风威,匈奴的整个营地顿时燃烧起来,火光照亮了漆黑的夜。埋伏在营舍后面的十名士兵见到火起,立即敲响战鼓，大声叫嚷。营地前后的战鼓声、喊叫声、风声合在一起，听起来声势浩大，仿佛有几万人马袭击营地。匈奴使者从梦中惊醒，十分惊慌，连衣服都没穿好就四散奔逃。埋伏在门外的班超等人趁机劫杀，匈奴人或被烧死，或被杀死，全军覆没。

天亮之后，班超便带领随从，提着匈奴使者的人头去见鄯善王，并将事情经过告诉了鄯善王。班超果断的行动彻底粉碎了匈奴使者的计划，当鄯善王见到匈奴使者的人头后，就知道不能再和匈奴有往来了，于是下决心与匈奴决裂，与东汉重修旧好。

经过此次行动，班超的智勇双全深得东汉政府的赏识。于是东汉政府又命班超作为汉朝使者继续西行前往于阗。到达于阗之后，班超又采取同样的方法，先给于阗王做工作，消除于阗王的顾虑，最终得到了于阗王的支持。于阗王也主动杀了匈奴派去于阗的使者，重新与东汉交好。

古代西域有一个国家叫龟兹，龟兹经常在匈奴的支持下欺负疏勒国，还派人杀死了疏勒国王，另立龟兹人兜题为王。74年，班超到达疏勒，他派部下杀了兜题，平息了疏勒的政变，将龟兹人赶出疏勒，随后又召集疏勒的大臣们，重新立原来疏勒王的后人为王。班超的这一举动，不仅赢得了疏勒人的拥护，也使班超在西域的威望越来越高。

经过班超的不懈努力，西域大部分地区重新归顺了东汉政府，西域与汉朝断绝往来六十年之后，终于又恢复了联系。

75年，匈奴又大举进攻西域，企图重新控制西域。西域诸国在匈奴的支持下，纷纷背叛汉朝，西域都护被杀，只剩下班超和疏勒王死守架橐（tuó）城，坚持了一年多。第二年，汉章帝放弃西域，打算重闭玉门关，命令班超等即刻回朝。但是西域人民都不希望班超离开，疏勒人听说班超要回汉朝，都哭着不让他走，于阗王也极力挽留班超，于是班超留了下来。

80年，班超上书汉章帝，汇报他在西域的活动，并建议汉朝联合乌孙，牵制匈奴，这样就可以重新控制西域。班超的表现和建议获得了汉章帝的极大肯定，汉章帝先后派了一千八百人去支援班超。

90年，游牧在葱岭以西的大月氏副王率领七万大军越过葱岭，直逼疏勒，想和汉朝争夺西域的控制权。当时，班超手下只有两三万人，形势十分危急。但是班超非常镇定，他安慰士兵们说："大月氏军队虽然人多势众，

但是等他们翻山越岭，长途跋涉来到疏勒，早已是强弩之末，而且经过长途跋涉，他们的粮草必定供应困难，所以无法应付得了长期作战。我们只要坚壁清野，坚守不出，大月氏必定不战自败。"

班超的哥哥——班固

果不其然，大月氏军队气势汹汹而来，但是疏勒的阵地上竟然无人迎战。大月氏军队多次发动进攻，但是班超带领手下坚守城池，大月氏始终无法攻破。这样坚持了一段时间后，大月氏果真粮草匮乏，将士们怨声载道，军心涣散。大月氏副王进退两难，只好向班超投降。借此机会，班超让大月氏和汉朝重修旧好，大月氏承诺年年向汉朝进贡。

从73年到102年的近三十年中，班超始终留在偏远的西域。尽管东汉政府曾几次打败匈奴，但当时匈奴的势力仍很强大，他们为了重新控制西域各国，经常对西域各小国进行威胁煽动，有些小国的态度也经常变化，班超也经常处于危险之中。但班超一直有勇有谋，恩威并施，他团结与汉交好的于阗、疏勒等小国，打击投靠匈奴的龟兹等国，使西域大小五十余国纷纷归顺汉朝，从而加强了中原地区与西域各国的交往，东西文化经济交流的要道——丝绸之路重新畅通。为了奖励班超的功绩，95年，汉和帝下诏，封班超为"定远侯"，后人也因此称他为班定远。

人都希望落叶归根，班超也不例外。100年，班超上书汉和帝，希望能在临死前回到故乡，班超在奏折中写道："臣不敢望到酒泉郡，但愿生入玉门关。"但是，班超言辞恳切的奏折送回汉朝三年都未得到回应。后来，班超的妹妹班昭上书汉和帝，请求恩准哥哥班超回来。终于，102年8月，班超回到了阔别三十一年的洛阳。9月，班超病逝。

班超在西域戎马征战三十年，为加强西域少数民族和汉朝的交流立下了汗马功劳，班超还派甘英出使大秦，到达地中海东岸。因为班超的不懈努力，汉朝政府重新获得了西域的控制权，丝绸之路得以畅通，这也为汉朝的发展开辟了有利的外部环境，为我国陆路交通的发展作出了巨大贡献。

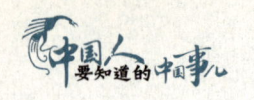

卫温开发夷州

卫温（？—231年），三国时期吴国的将领。东吴孙权称帝之后，命令卫温与诸葛直率领万余士兵出海寻找古籍上记载的亶州，卫温虽然未能找到亶州，却发现了夷州（今宝岛台湾），并对其进行了开发，使得台湾与大陆开始了经济、文化交流，台湾也由此成为中国领土不可分割的一部分。

近代考古学家在台湾发现了许多新石器时代遗址，如台北市园山贝家出土的石斧、石镏，台南县出土的黑陶，高雄市出土的彩陶等。这些文物的质地、形状与大陆的东南沿海发现的新时期时代的文物有着相同的特征，这说明，它们的文化是同出一源的。这也充分表明了大陆与台湾在很久以前就有文化联系了。我国的许多史书上都对台湾有着非常明确的记载，例如卫温开发夷州。

三国时期，诸侯间战乱不断，最终形成了魏、蜀、吴三足鼎立的局面。229年，孙权在金陵（今江苏省南京市）称帝。孙权对国家的发展十分用心。吴国地处长江以南，土地肥沃，气候湿润，沿海渔盐丰富，江海之上水运发达，商业十分兴旺，经济发展也很繁荣，虽然它的面积不如蜀国和魏国大，但其实这里有很大的发展空间。可是，当时的南方没有得到很好的开发，在经济、政治、文化等方面还是无法与北方相比，吴国想要深度开发自己的国家还是力不从心。一方面，国家的人口不足，没有足够的人力去支配，另一方面，由于受到战乱的影响，孙权无法全身心地投入到经济建设中去。孙权迫切地希望完成父兄遗愿，实现自己的理想，于是他开始对外扩张。

首先，孙权将矛头对准了实力相对弱小的蜀国。孙权任用陆逊为将，与魏国合谋杀死了蜀帝刘备的结义兄弟关羽，并夺去了蜀国下辖的荆州。

刘备大怒,不顾劝阻,坚持要同吴果被东吴火烧连刘备也病死白帝诸葛亮掌握了蜀面对能力出众的也没有办法从蜀便宜,于是,针这样夭折了。蜀国拥有诸葛亮,可以抵挡吴国的侵袭,但是魏国有的却是硬实力,他们占据北方广大地区,土地广阔,人口众多,吴国根本不是其对手。可是仅仅偏安一隅的话,吴国迟早会被魏国或蜀国吞并,无奈之下,孙权将眼光投向了自己国家的东面,也就是那片汪洋大海。

丞相诸葛亮的劝军进行决战,结营七百里,最后城。刘备死后,国的军政大权。诸葛亮,东吴再国身上占得一丝对蜀国的计划就

吴大帝孙权像

一次,在退朝之后,孙权和大臣诸葛直谈起了秦始皇求长生不老药的事情。谈话中,诸葛直说道:"徐福在为秦始皇求药的过程中发现了亶州和夷州,据说那里土壤肥沃,四季如春啊,我们吴国要是能拥有那两个州的话,对国家的发展肯定会有非常大的帮助。"正在为吴国发展而苦恼的孙权一听,顿时欣喜若狂,他急忙问诸葛直:"真的有夷州和亶州吗?这总不会是谣传吧?"诸葛直回答道:"绝不会是谣传,这些在古籍中都是有记载的,我记得地理文献《禹贡》中就记载过夷州。"孙权立马找出《禹贡》,细心地查了起来,一查之下,发现书中果然有对夷州的记载。得到确定答案之后,孙权高兴地拍着桌子说道:"既然秦始皇能够派人找到夷州这样的海外宝地,那我孙权为什么不能呢?况且,我江东最擅长的就是航海技术了。论水上实力,我江东如果称第二的话,还有谁敢称第一呢?海外宝地一定是属于我江东的。"于是,孙权当即下令寻找海外宝地夷州和亶州。

吴国黄龙二年(230年),孙权派大将卫温和诸葛直领兵一万前去寻找亶州和夷州。经过充分准备,卫温和诸葛直率领一支三十条船的船队,船上满载食物、淡水和军士,开始了探索大海的旅程。经过辛苦的探索,卫温和诸葛直虽然没有找到亶州,但是他们却发现了《禹贡》上记载的夷州。卫温和诸葛直欣喜若狂,他们马上下令士兵登陆,去看一看这传说中的宝地。可

是人马刚上岸，卫温等人还没来得及欣赏岛上的风景，就被岛上的原著居民包围了。这些原著居民拿着弓箭、农具、木棍向卫温等人杀了过来。但是，这些简陋的武器怎么能敌得过吴国士兵的精良装备呢？几次交锋之后，那些原著居民败退。

原著居民退走之后，卫温下令士兵停止追赶，在原地安营扎寨。站住阵脚之后，卫温开始调查这里的详细情况，希望能与这里的居民和平相处，共同开发这块土地，以完成吴王交给他的任务。正当卫温为求和的事伤脑筋时，士兵前来报告说有高山族代表求见。于是，卫温和诸葛直两人赶紧出营帐迎接。

在与几个代表的交谈中，卫温才知道，这里是一个主要由高山族组成的部落，他们以为卫温等人是外面的强盗，才和他们发生了冲突。按照高山族的习俗，两方发生战争，失败的一方要给胜利的一方献上礼物，以求和解，他们就是到这里来献礼的。听到这里，卫温赶紧讲明了自己的来意，并提出了要和高山族共同开发这片土地的想法。之后，卫温又命士兵给高山族送去了自己带来的物品，慢慢地和高山族人成了朋友。

此时的高山族还处在氏族公社阶段，没有私有财产，过着原始社会的生活。他们按照性别、年龄、强壮程度分配劳动任务，男子担负上山狩猎、下海捕鱼、保卫部落、守护财产的职责；妇女、儿童主要在部落的管辖范围内采集树种、野果、植物根茎，为全体部落成员准备饭食，大家一起吃饭，平均分配食物。在整个部落中，酋长是最高首领，但是他也没有什么特权，吃的和别人一样，住的也和别人一样，只是在有事的时候负责召集大家商议，干事的时候为大家牵个头。

高山族的居民为了表示对卫温等人的友好，在自己的部落举行了盛大的欢迎仪式，他们按照自己的风俗，不论男女老少都穿上色彩斑斓的氏族服装，头发盘于头顶，用骨笄束住，脖子上戴着成串的珠子、贝壳、骨头等做成的项串，手腕、脚腕都戴着玉石制成的镯子，成群结队地向吴国人献上自己的祝福。受到高山族居民热情的感染，卫温等人也不由自主地加入了这欢乐的宴会，就这样，卫温一行人和高山族人相处得更融洽了。

狂欢过后，卫温等人开始在夷州住了下来，他们开始传授高山族人生产技术，帮助他们改善生活条件。他们将许多先进的生产理念、铸造工艺等慢慢地传授给了高山族，使高山族的生产力在短时间内有了很大的提高。但是，由于水土不服，卫温手下的许多吴国士兵都生了病，所携带的药物也逐渐被消耗光了，病死的士兵越来越多。面对这种情况，卫温只好作出了返回吴国的决定。他们回去的时候，许多愿意去大陆增长见识的高山族人也登上了卫温返程的船只。

　　后来，卫温获罪被杀，再也没能踏上夷州土地，但是，卫温开发夷州之行后，夷州和大陆的经济、文化往来越来越密切，他开发夷州的行动使得夷州和大陆成了亲密的一家人。

吴国著名的政治家、军事家陆逊像

一代奸雄曹操

中华上下五千年，江山代有人才出。在这滔滔的历史长河中，曹操无疑是最具争议的人物之一。他是奸雄，还是英雄？古往今来众说不一。在多数人眼中，曹操是一个反面人物，是一个阴险歹毒的人。但也有一些人认为曹操是一个真性情的人，敢于真实地表达自己的情感。无论如何，在东汉末年的历史上，曹操无疑是最为耀眼的明星，他挟天子以令诸侯，雄踞北方地区，为分裂之后的统一打下了坚实的基础。在后世史学家心目中，曹操是当之无愧的乱世奸雄。

曹操（155年—220年），字孟德，一名吉利，小字阿瞒，沛国谯人（今安徽省亳州市），东汉末年著名的军事家、政治家、文学家，曹魏政权的缔造者。

曹操像

年少时，……警，又富有侠……放荡不羁、不……学业的性格……以，邻居们对……看好，他们认……有什么作为。……玄和南阳的……为，他们都坚……对会成为名震……玄曾经对曹操……数已经快要尽……

曹操虽然聪慧机义精神，但是他……修品行、不专注……却让人诟病。所……曹操的未来都不……为曹操将来不会……可是，梁国的桥……何颙却不这么认……定地相信曹操绝……天下的人物。桥……说："大汉的气……了，这个天下很快便会变得大乱，乱世中，只有拥有大才能的人才会成为天下的主角，依我看，能安天下的人，必定是你啊！"得到桥玄的认可，胸怀抱负的曹操内心充满了斗志，他听从桥玄的建议，开始四处拜访名士，学习治国安邦之道。有一次，他去拜访许劭，许劭是当时著名的人物评论家，据说他每月都要对当时的人物进行一次品评，人称为"月旦评"。结果许劭刚一见到曹操，便笑着对曹操说："曹操啊曹操，世人都以为你只是一个纨绔公子，可是谁又能想到你却胸怀大志，在不久之后的乱世之中，你必将成为一代奸雄。"说完便哈哈大笑起来，而曹操见许劭将自己内心的想法说了出来，顿时将许劭当做了知己，和许劭一起开怀大笑。

　　174年，时年二十岁的曹操通过察举孝廉成为郎官。在经过短时间的训练之后，曹操被任命为洛阳北部尉。上任之后，很多人认为，以曹操的纨绔性格，肯定会和朝中的一些奸党一样欺压百姓。正当城北百姓满心担忧时，曹操的做法却让所有人大吃一惊。曹操在官署门口放置了十多根五色棒，以证明自己执法的决心。上任几个月以来，曹操公正无私，丝毫不畏惧宦官奸臣的压迫。当时，权倾朝野的宦官蹇硕的叔叔不顾律令，公然违禁夜行，按照律法应当被棒杀。面对如此压力，手下的人都劝曹操大事化小，小事化了，放了蹇硕的叔叔。看到手下人的态度，曹操顿时大怒，他生气地说："身为官员，怎么能被权势逼迫，做出昧良心的事情呢？我绝对不会放了他的。"曹操下令将蹇硕的叔叔棒杀在衙门前。曹操公正无私的做法赢得了广大百姓的称赞，同时却极大地触怒了蹇硕。不久，曹操便在宦官集团的逼迫下离开了洛阳，结束了自己在洛阳的短暂仕途。

　　黄巾起义爆发后，天下大乱，而曹操也在剿灭黄巾军的过程中立下了大功，重新走进了洛阳。可是，这时的洛阳变得更加混乱了。大将军何进为了对抗十常侍，将豺狼一般的西凉刺史董卓引进了京都洛阳，于是，洛阳毫无悬念地落入了董卓的掌控之中。董卓掌权之后，他废黜汉少帝，立陈留王为汉献帝，将皇宫当成了自己的后花园。这种做法激起了许多大臣的不满，于是大臣们悄悄地聚集在一起商议对付董卓的计策。这时，曹操主动站了出来，他自告奋勇，前往丞相府刺杀董卓。

　　曹操带着一把宝刀前往丞相府献刀，可是，在曹操就要成功刺杀董卓的时候，董卓的义子突然出现，曹操的计划因此功亏一篑。无奈之下，曹操只好迅速逃离洛阳城。路上，曹操遇到了陈宫，两人约定一起开创一番大事业。傍晚时分，两人又累又饿，于是陈宫建议去他朋友吕伯奢家中借宿。听说刺杀董卓的英雄曹操来到自己家中留宿，吕伯奢非常激动，赶紧让自己的儿子去后院杀猪，而自己也立马骑着毛驴去镇上打酒，准备款待曹操。

曹操是一个生性多疑的人，他的内心深处其实从来不相信任何人。曹操在吕伯奢家闲逛的时候，突然听见后院传来磨刀声，于是，曹操想当然地认为，这是吕伯奢准备杀他。曹操一怒之下拔出佩剑，将吕府一家全部杀尽。当曹操杀死所有人后，他才发现厨房里捆着一头猪，原来，挨刀的对象不是他，而是这头猪。面对如此大错，曹操只好带着陈宫连夜逃离吕家。

在逃跑路上，曹操和陈宫遇见了打酒归来的吕伯奢，正当陈宫犹豫着如何向吕伯奢解释时，曹操又将刀刺向了一心帮助自己的吕伯奢。曹操的举动让陈宫又惊又怒，他万万没想到曹操会这么狠毒。陈宫愤怒地指着曹操说道："你在干什么，那可是收留你的恩人啊！你杀死他的家人，这算是你不知情，算误杀，可是，你为什么要杀死吕伯奢呢？"曹操听后很不以为然，说："吕伯奢回到家中，必定会发现我们杀了他的家人，说不定，他会告发我们，这样的话，我们的行踪不就暴露了吗？宁可我负天下人，休叫天下人负我，为了我的大业，死几个人算什么。"听到这些话，陈宫内心充满了悲愤，失意的他离开了曹操，而曹操也独自一人踏上了回家的路。

关羽像。关羽是曹操一直非常欣赏的人才

回到家乡陈留之后，曹操散尽家财征募义勇，率先揭竿起义，壮大自己的实力。192年，青州的百万黄巾军入侵兖州。兖州刺史刘岱战死，曹操趁着这个机会接替刘岱，在兖州对抗黄巾军。这次战役对于曹操来说是非常重要的一次经历，因为他在这次剿灭黄巾军的战役中积累了逐鹿中原的资本。在这次战役中，曹操收编了大量黄巾军，他从这些士兵中选取精锐，再加上自己原有的家乡子弟兵，组成了一个精锐兵团，这就是三国时期曹操手下著名的"青州兵"。

195年，东汉政权越发动荡，就连汉献帝也因受战火牵连，被迫逃出长安。面对这种情况，曹操听从谋士荀彧（yù）的建议，最先跑去迎接汉献帝。于是，汉献帝落入了曹操手中，"挟天子以令诸侯"的局面形成。曹操凭借汉献帝这块招牌聚集了大量人才，使得自己的实力像滚雪球一般迅速壮大，为他后来驰骋天下奠定了良好的基础。

无论在哪个时代，人才都起着至关重要的作用。曹操能成事，其中一个重要的原因是他非常重视人才的作用。

赵云像

从东汉初年开始，选拔人才最看中的就是一个人的出身，这种风气限制了一些有真才实学的人才的发展。而曹操选拔人才却不论出身，只要有真才实学的人，都可以在其手下谋得一官半职，发挥才能。例如郭嘉、程昱、荀攸等都是听闻曹操爱才才投奔到其帐下的。此外，曹操很善于发现人才，例如他发现了于禁、乐进等将才，还将敌营中的很多将才招到自己麾下，例如文武双全的张辽曾经是吕布手下的一员猛将，后来被曹操吸收进了自己的阵营里，成为其手下"五子良将"之一；曾经在袁绍手下干事的陈琳，在一篇檄文里将曹操和他的祖宗十八代都骂了个遍，但曹操在打败袁绍以后并没有杀张琳，因为他知道张琳有才，所以将张琳收为己用；而对于刘备阵营里的关羽、赵云等，曹操都曾表现出强烈的爱才之心。

曹操能将各路人才聚集在自己麾下，不光是因为汉献帝这个汉室正统的吸引力，也是因为他对人才是发自内心的珍惜和重视。曹操因为郭嘉的死痛哭流涕，吃不下东西，因为许攸的到来而顾不得穿上鞋子就去迎接……有人认为曹操是在作秀，认为他是虚情假意，可是，他能为求才而做到这些，就足以证明他对人才的重视了，而这正是他能够成功的关键因素之一。

拥有众多谋士，拥有精兵强将，再加上他长远的政治目光和卓越的军事才能，曹操成为了东汉末年最为耀眼的明星之一。官渡之战，曹操击败袁绍，将北方广大地区纳入自己的势力范围，终于成为了令天下所有诸侯仰望的人。

呼风唤雨的千古良相诸葛亮

在三国这个名臣良将辈出的时代,一位文士手持羽扇,指点江山,让当时的所有谋士都黯然失色。他成为了魏吴两国挥之不去的梦魇,这个人就是诸葛亮。

从诸葛亮出茅庐之后,他策划联吴抗曹,火烧赤壁,使孙刘联军大破曹操,破坏了曹操一统天下的美梦,为三国鼎立奠定基础。赤壁之战后,在诸葛亮的精心策划之下,刘备成功夺取荆州,进而取得西川、汉中等地,打下了一片江山。创立蜀国之后,诸葛亮更是将自己的全部心血投入到了这个国家,最终死在了北伐的战场上。他这种"鞠躬尽瘁,死而后已"的高尚品格,千百年来一直为人们所敬仰和怀念,实在是千百年来的"良相"典范。

诸葛亮,字孔明,号卧龙(也作伏龙),琅琊阳都人,于汉灵帝光和四年(181年)生于一个官吏之家。诸葛亮的父亲诸葛珪曾做过泰山郡丞。诸葛亮三岁丧母,八岁丧父,后由做豫章太守的叔父诸葛玄抚养。豫章太守一职是袁术任命的,后东汉朝廷又派人取代了诸葛玄的豫章太守一职,所以诸葛玄就带着一家人投奔了荆州刘表。相传,诸葛一家落脚的地方在南阳郡邓县,在襄阳城西二十里的地方,号曰隆中。

诸葛亮像

叔父去世之后，诸葛亮与弟弟诸葛均便在南阳郡隆中隐居务农。在这段时间里，诸葛亮苦读叔父留下的书籍，不断充实自己。闲暇时间，诸葛亮便四处游玩，增长见识，开阔眼界，了解天下大事。虽然身在隆中，可是诸葛亮却有着远大的抱负。他常拿管仲、乐毅和自己比较，常人听了都觉得他狂妄自大，不知天高地厚，但是，与他深交的徐庶、崔州平、孟建等人却深深地知道这个朋友有多厉害。徐庶等人甚至还认为，诸葛亮远比管仲、乐毅厉害得多，以诸葛亮的才干，只要能让他有发挥的平台，他甚至可以与姜子牙、张良二人相提并论。

经过多年的积累，诸葛亮已经做好了出山的准备，这时的他，静静地等待明主的出现。终于有一天，一位落魄的汉室宗亲找到了这里，他的名字叫刘备。刘备为了请诸葛亮出山，三顾茅庐，诚意满满。尤其是第三次拜访诸葛亮时，为了不打扰诸葛亮午休，刘备在大雪中等了诸葛亮好几个时辰。诸葛亮见刘备有志为天下百姓做事，而且诚恳地请他帮忙，于是走出了茅庐，全力帮助刘备建立蜀汉王朝。

刘备三顾茅庐请来了诸葛亮做军师，可是刘备的结拜兄弟关羽和张飞却对诸葛亮这个年轻书生的实力持怀疑态度。此时的刘备势单力孤，依附于荆州刘表，曹操命夏侯惇率十万大军进攻荆州新野，刘表让刘备前去抵抗。诸葛亮命赵云诱敌深入，然后让关羽和张飞设下埋伏，火烧博望坡，把夏侯惇的大军烧得横尸遍野，溃败而逃。诸葛亮的这第一把火赢得了关羽、张飞和刘备众多手下的信任，树立起了自己的威信。

博望坡的大败让曹操大为震怒，于是曹操亲率大军攻打新野。诸葛亮让刘备放弃新野，到樊城躲避曹军。曹操的先锋大将曹仁率兵到达新野后，见城门大开，城内一个人也没有，于是率兵在城内驻扎。结果，夜来时分，城中起火，赵云领兵赶来攻打曹军。后来，曹仁率兵逃到白河边，士兵们见河水不深，纷纷下马喝水，结果这时候，关羽率兵撤掉了堵水的沙袋，一时间河水滔滔，曹军被淹死的不计其数。火烧新野之后，曹操等敌对势力再也不敢小瞧诸葛亮这个初出茅庐的书生了，这第二把火不光进一步巩固了诸葛亮在刘备军中的地位，也极大地震慑了敌人，让其威名远近皆知。

也正是从这个时候开始，魏国的噩梦开始了，甚至盟友吴国也因为诸葛亮的存在而寝食难安。诸葛亮出山后不久，曹操便率领数十万大军开始了征讨东吴的征程。目光长远的诸葛亮预料到，一旦曹操取得这场战争的胜利，那天下将毫无悬念地成为曹操的囊中之物，而自己在隆中所定下的三分天下的策略也将成为一纸空谈，于是，诸葛亮提出了联吴抗曹的战略，并只身前往东吴缔结联盟。

来到东吴之后，诸葛亮成为了一名纵横家。当诸葛亮发现东吴抵抗曹操的决心并不是那么坚定时，他开始对症下药。首先，诸葛亮在宴会上以一人之力将偏向于投降的东吴文臣驳得哑口无言，然后又通过观察孙权和周瑜的性格，采用激将法坚定了他们抗曹的决心，促成了孙刘联盟的建立。随后，诸葛亮新官上任后具有决定意义的第三把火——"火烧赤壁"点燃了。

相比东吴，刘备这个盟友力量弱小，他手下的那点兵马并不能给这场战争的胜负带来多大的影响，这个时期刘备的兵力可以参考《三国志·诸葛亮传》记载诸葛亮语："今战士还者及关羽水军精甲万人，刘琦合江夏战士亦不下万人。"但历史学家认为这个说法明显是诸葛亮为了提高自己这一方的地位、获得同等的待遇、实现联盟而提出的，所以水分很大。身为刘备集团的军师，诸葛亮用自己的聪明才智来帮助东吴，这让双方的力量得到了一定的平衡。在周瑜提出军中少箭的时候，诸葛亮利用大雾天气和曹操的多疑性格，在江面上摆下二十艘立满草人的战船。他知道，在这种天气下，曹操绝不会冒着被埋伏的危险出击的，唯一的办法就是用弓箭驱赶，结果，诸葛亮成功地从曹营带走了十万支箭。在万事俱备，只欠东风的时候，诸葛亮向周瑜提出，自己得异人传授，可以登台做法，唤来东风。其实，诸葛亮并无特异功能，而是由于他的家在离赤壁不远的地方，所以他对赤壁一带的气候规律非常了解。根据自己对赤壁一带天气变化的分析，凭着自己的经验，诸葛亮便可以准确地预报出出现偏东风的时间。但为了糊弄周瑜，增加自己一方的筹码，诸葛亮故意设坛祭神"借东风"。结果，借着这场及时的东风，一场大火烧红了赤壁，烧毁了曹操一统天下的美梦，三国鼎立的雏形慢慢形成。

赤壁之战以东吴胜利而告终，东风确实起了很大作用，唐朝诗人杜牧有诗云："东风不与周郎便，铜雀春深锁二乔。"意思是，多亏老天爷给了周瑜东风这个便利条件，否则大乔（孙策的老婆）和小乔（周瑜的老婆）就被曹操掳到铜雀台去了。

赤壁之战后，诸葛亮迅速调兵遣将，抢夺胜利果实。本来，赤壁之战中，东吴出力最多，理应得到最大的利益，但是，诸葛亮却用自己高超的谋略，生生将战争最大的胜利果实——荆襄九郡纳入了刘备怀中。这种情形，让人觉得刘备和诸葛亮有些不厚道，但是，荆襄九郡却是诸葛亮计划中不可或缺的一环，只有占据这片土地，他的主公刘备才能积攒实力，才能加入到争霸天下的行列里。最终，刘备成功地借助荆襄九郡壮大了实力，进而夺取西川、汉中，形成了三国鼎立的局面。

蜀汉建立之后，诸葛亮被任命为丞相。诸葛亮为蜀国的发展操碎了心，在刘备托孤之后，诸葛亮一直对刘禅尽心尽力，凡事都亲力亲为，他将全部心血都投入到了这个国家，却从不为自己考虑。诸葛亮在蜀国独揽大权十余年，完全有能力取而代之，可他没有那么做，他只是尽心地辅佐着那个窝囊的后主刘禅。诸葛亮完全可以过上锦衣玉食的富足生活，可他没有那么做，堂堂一个丞相家中竟然没有多余财产，只有八百株桑树、十五顷田地，而他自己穿的大多都是朝廷发的衣服。诸葛亮完全可以将自己的子孙后代提拔到高位，可他没有那么做，他的儿子吃穿都是自给自足，仕途更是靠自己努力。临死之前，诸葛亮还嘱咐儿子，他下葬时只需要挖一个洞，只要棺木能放进去便够了，自己则只穿平常的衣服，不需其他陪葬物。

蜀国建立之后，诸葛亮时刻准备着北伐曹魏，光复汉室。诸葛亮六出祁山，便是他为实现刘备的遗愿所作出的努力。虽然在这期间，诸葛亮曾杀得曹魏闻风丧胆，可是，他终究无法改变历史发展的轨迹，最终命丧五丈原。

"近四十年不与女人同房"的另类皇帝梁武帝

中国经历了长达两千年的封建社会，有五百多位帝王。这些帝王当中，有的励精图治，开创文治盛世；有的驰骋疆场，打下大片江山；而有的则声色犬马，整天吃喝玩乐，将国家置之一旁。皇帝们虽然个性和政绩各不相同，但是大多都沿袭了封建皇帝的传统，有着后宫佳丽三千。但是，在南朝时，出现了这样一位另类的皇帝，他贵为一国之君，有着卓越的政绩，但是却以高寿和不近女色闻名，他就是梁武帝萧衍。

梁武帝萧衍（464年—549年），字叔达，小字练儿，南兰陵（今江苏省常州市西北）人，南朝梁国的开创者。萧衍小时候就很聪明，而且喜欢读书，是个博学多才的少年，尤其在文学方面很有天赋。他和沈约、谢朓、范云等七人被称为"竟陵八友"。

在隋炀帝正式创立科举制度之前，古代学子们要想走仕途，只有两条路：世袭和推荐。尤其在三国、两晋、南北朝时期，更注重门第观念，不是名门之后，如果想做官是非常难的。所以，在当时，走仕途拼的是家世背景。从血缘关系上看，萧衍的父亲萧顺之就是齐高帝的族弟，所以萧衍算是皇室血脉，所以他走上仕途时起点就比较高，刚开始就在卫将军王俭手下做官。

由于萧衍满腹才华，而且胆识过人，办事果断机敏，所以深得王俭的喜欢，不久后，萧衍就被提拔做了户曹属官，后又被提升为随王的参军。

493年，齐武帝萧赜去世，即位的新皇帝萧昭业只知道吃喝玩乐，根本不理政务，对大臣的劝谏也不接受。这让当时的掌权大臣萧鸾很生气，他觉

梁武帝萧衍像

得,这样下去,齐国迟早会被其他国家吞并的,于是他决定另立皇帝。当萧鸾和萧衍等一批大臣商议时,萧衍说道:"废立皇帝可是大事,如果处理不好会导致国家动荡的。"萧鸾急忙问:"那你有什么好主意?"这时的萧衍已经觉察到萧鸾想自己称帝,于是他对萧鸾说:"现在的这些王爷当中,名望较高的应该是随王了,但是随王没多少才干,我们只需要将他先扶上帝位,然后……"萧鸾明白了萧衍的意思,于是便按照萧衍的计策行事。萧鸾先将随王扶上了帝位,等到彻底掌握了朝政大权后,便废立了刚刚当了三个月皇帝的随王,自己登上了皇帝的宝座,即齐明帝。萧鸾做皇帝之后,没有忘记萧衍的谋划之功,把他提拔为中书侍郎,后来又升为黄门侍郎,萧衍的地位日渐显赫。

齐明帝萧鸾称帝的第二年,即495年,北魏孝文帝亲自率领三十万大军进攻南朝齐国的钟离,齐明帝派左卫将军崔慧景、宁朔将军裴叔业领兵迎战。后来,北魏军队分兵攻打义阳,齐明帝又派萧衍和王广之领兵救援。但是,曾经名震一时的平北将军王广之在听说北魏军队的超强战斗力后产生了退缩情绪,这时,萧衍主动请缨充当先锋,进攻北魏军队。萧衍知道义阳城内的齐军存在畏敌情绪,战斗力不足,于是便带领军队连夜赶到了距离北魏军只有几里地的贤首山,然后命令士兵将旗帜插满了整个山头。等天一亮,义阳城中的齐军看到整个山头插满了齐国旗帜,以为齐国的后援大军已经赶到,于是城内齐军士气大增,随后军队出城攻击北魏军。同时,萧衍也亲自率兵夹攻北魏军队,齐军士气高涨,个个奋勇杀敌,北魏军败退。萧衍因为力退北魏军的战功而升任太子中庶子。

497年秋,北魏军再次南下,接连攻下了新野、南阳,直逼雍州(今湖北省襄樊市)。齐明帝忙派萧衍、张稷、崔慧景领兵增援雍州。结果,因为齐军远道征战,而且北魏军力量强大,齐军节节败退。崔慧景心生胆怯，私自带着自己的部队逃走，其他各部见统帅逃走，军心涣散，也纷纷逃散。萧衍无法控制局面，只好边战边退，后退到樊城才站稳脚跟。齐明帝得知战败的消息后并没有明确责怪萧衍，而是让萧衍做了雍州刺史，主持雍州的防务。从此，雍州便成了萧衍日后发展实力、争夺齐国政权的根据地。

齐明帝死后，他的儿子萧宝卷即位。萧宝卷不但治国无方，还经常残杀大臣，结果朝野上下都对他很不满。看见这种情况，萧衍重现了齐明帝萧鸾称帝的历史。萧衍召集了一批自己的心腹，开始商议废立之事。萧衍联合了南康王宝融，推翻了萧宝卷，把南康王推上了帝位，称齐和帝。而萧衍也因此升任大司马，掌管军国大事，成功掌握了朝政。502年，萧衍罢免齐和帝，登上了皇位，建立了梁国，称梁武帝。

萧衍做皇帝之后，他勤于政务，不论春夏秋冬，萧衍总是五更天就起床批阅奏折。除此之外，他还虚心纳谏，广纳贤才，新兴的梁国在萧衍手中显得生机勃勃。而且，萧衍还是有名的节俭皇帝，据史书记载，萧衍"一冠三年，一被二年"，也就是一件衣服可以穿三年，一床被子可以盖两年。对于吃穿，萧衍从不讲究，有时候，因为处理政事太忙，萧衍就简单地喝点粥。这种节俭程度，不要说皇帝了，就连一个普通的官员也做不到。

萧衍很重视对官吏的选拔任用，他要求地方的长官一定要清正廉明，萧衍经常召见他们，训导他们遵守为官之道，清正廉明。在梁武帝萧衍的领导下，梁国的吏治变得十分清明。

萧衍从少年时期就对乐府诗有很浓厚的兴趣，而且很有文学才华。登基之后，萧衍仍然经常参与乐府诗的创作及编修，还重用昔日好友沈约、范云等文人。在萧衍的影响和提倡下，梁朝文化的发展达到了东晋以来最繁荣的阶段。

萧衍还倾注大量精力研究佛学，著有《涅萃》、《大品》、《净名》、《三慧》等数百卷佛学著作。萧衍把儒家的"礼"、道家的"无"和佛教的"因果报应"糅合在一起，创立了"三教同源说"。

萧衍曾经下诏让梁国的全体百姓都信奉佛教，所以南朝时期佛教非常兴盛。正如汤用彤先生所说："南朝佛教至梁武帝而全盛。"梁武帝萧

明代丁云鹏的《三教图》，此图中，佛、道、儒三教的创始人释迦牟尼、老子、孔子三人似正在辩经论道，体现了明代"三教合一"的社会思潮

衍在位期间，梁国的佛寺数量迅速增加，仅仅在梁国的土地上，佛寺就多达两千八百四十六座，而僧尼也多达八十二万余人。到了晚年，梁武帝对佛教更加痴迷，他每天只吃一顿饭，而且绝不吃肉食，只吃豆类的汤菜和糙米饭，而且梁武帝开始禁欲，远离女色。《梁史》记载，梁武帝"五十外便断房事"，天监十二年（513年），萧衍开始"不与女人同屋"。如果以萧衍八十六岁去世来算，他近四十年没有碰过女人。而且，萧衍还取消了所有娱乐活动，除了宗庙祭祀，他拒绝参加任何宴会活动。

　　萧衍晚年将全部的精力放在研究佛学上，政务自然就荒废了，他还重用了奸臣侯景等人，慢慢地，梁国开始变得乌烟瘴气。侯景叛乱之后，萧衍被拘禁而死，他辛辛苦苦建立的梁国分崩离析。

北魏孝文帝改革

拓跋宏（467年—499年），即历史上著名的北魏孝文帝。拓跋宏是一位卓越的少数民族政治家、改革家。他自幼受到祖母冯太后的影响，十分崇尚汉族文化，在做皇帝期间着力推行汉化政策，禁胡服、胡语，改变度量衡，推广以汉族知识为主的教育体制等政策，大大提高了鲜卑族的文化水平，为形成中华民族这个多民族的大家庭作出了很大贡献。

在拓跋珪建立北魏之后，鲜卑族拓跋部逐步由放牧经济转变为农业经济，社会制度也由奴隶制转变为封建制。但是由于受到旧有习俗的影响，北魏还保留了大量的奴隶制残余。在北魏统一北方广大地区之后，许多汉族民众也在北魏的统治范围之内。汉族先进的文明与鲜卑族的文明相比具有很大的优势，一个落后的文明想要长时间统治先进文明是根本不可能的，所以，吸纳汉族先进文化成为了必然。自道武帝拓跋珪以来，北魏统治者都注重学习汉族文明，但是由于北魏建国时期实行的民族压迫政策，几代统治者的改革都收效甚微，直到后来孝文帝登上皇位，这种情况才有了改善。

孝文帝是由自己的汉人祖母冯太后抚养成人的，他自幼受到汉族文化的熏陶，对汉族文化十分仰慕。在孝文帝学习汉族文化的过程中，他清楚地认识到，让汉族融入鲜卑族的想法根本是天方夜谭，面对优秀的汉文化，只有让鲜卑族彻底地融入汉族才是最佳的选择。于是，在亲政之

北魏孝文帝拓跋宏像

后，孝文帝在冯太后的辅佐之下，对北魏进行了大规模的改革，史称"孝文帝改革"。

在改革中，孝文帝整顿吏治，颁布俸禄制，立三长法，实行均田制，迁都洛阳，并对鲜卑旧俗进行了全面改革。在旧俗改革中，孝文帝规定：以汉服代替鲜卑服，以汉语代替鲜卑语，改鲜卑姓为汉姓，为了表明自己改革旧俗的决心，孝文帝将自己的姓氏也改为汉族的"元"姓。

除此之外，孝文帝还大力提倡鲜卑贵族和汉族士族进行联姻，并参照南朝典籍章程，对北魏的政治制度进行改革。孝文帝的改革决心十分坚定，他甚至为了整个鲜卑族的进步而处死守旧贵族的代表——太子元恂。通过汉化改革，鲜卑族的经济、文化、政治、军事等方面得到大力发展，民族矛盾也大大缓和，这些成果，形成了历史上有名的"孝文帝中兴"。

孝文帝认为，想要真正学习到汉族先进文化的精髓，就必须寻找一个具有深厚的汉文化底蕴的城市作为北魏的新都城。后来，他相中了洛阳。孝文帝知道，自己迁都的想法会遭到很多大臣的反对，所以，他想了一个办法。

孝文帝在朝会上提出要对南齐进行大规模进攻。提议刚刚说出口，朝堂上便乱成了一锅粥，许多大臣纷纷站出来劝阻孝文帝，其中以任城王拓跋澄的反战情绪最为激烈。孝文帝假装生气地说道："国家是我的国家，还不需要你们来指手画脚，这件事就这么定了。"拓跋澄反驳说："国家虽然是陛下的，但我身为朝廷的大臣，应该以辅佐陛下保护国家为己任，岂能因为顾及陛下的情绪而不说话呢？陛下提出用兵南齐的政策很不合适，我怎能不说出来呢？"听完拓跋澄的话，孝文帝看起来更生气了，他对拓跋澄说："你跟我来，我让你看一看我能不能打败南齐。"说完，孝文帝宣布了退朝，将拓跋澄单独留在了宫中。

私下面谈时，孝文帝一改朝堂之上的愤怒，笑着对拓跋澄说："其实，我今天只是用了一个计谋，我想将都城迁到洛阳去，可是这个想法必定会遭到很多顽固分子的阻挠，所以我就演了这么一出戏。要知道，我北魏想要强盛，学习汉族文化势在必行，而我们现在的都城很不适合汉化改革的进行，所以我才决定这么做。"拓跋澄也是一个很有改革精神的大臣，所以他听到孝文帝的解释之后，当即便表示会全力支持孝文帝的行动。

493年，孝文帝亲自率领步兵骑兵三十多万南下，出征时，他刻意带上了那些顽固派大臣。一路上，孝文帝命令士兵全速前进，弄得士兵们劳累不堪。刚到洛阳地界，天上下起了大雨，道路变得泥泞不堪，行军十分困难。大臣们纷纷劝孝文帝在洛阳休整一下，但是孝文帝却执意要行军。这时，那些大臣已经看出孝文帝的举动其实是另有深意，便问孝文帝是不是有什么折中的办法。孝文帝听后大喜，但还是装着很为难的样子说道："我亲率大军前来，总不能一事无成吧，不然回去之后会威信大减的，既然不能南进，我们就把都城迁到洛阳吧，这样也算对国人有个交代了。"听完孝文帝的话，那些大臣才终于明白，原来，迁都才是孝文帝真正的目的。虽然这些顽固派大臣内心很不愿意迁都，但是，事情到了这一步，他们也只能无奈地同意了。于是，孝文帝迅速在洛阳安排好一切，命令拓跋澄将旧都平城的机构全部迁过来，顺利地完成了迁都。

虽然孝文帝顺利地完成了迁都，但是那些反对迁都的顽固派并没有就此死心。在这些顽固派中，太子元恂是主要的代表。元恂是一个不学无术的家伙，他认为洛阳这个地方太热了，夏天对于他这个胖子是十分难熬的，再加上他养成了身着胡服的习惯，穿上汉服感觉十分别扭，所以，元恂一直不遵孝文帝的命令，执意保持鲜卑旧俗。为此，他多次被孝文帝批评惩罚。心胸狭窄的元恂对此十分恼火，他甚至因此将孝文帝派来辅佐自己的大臣高道悦也恨上了。

太和二十年（496年）八月，孝文帝巡幸嵩岳，太子元恂留守洛阳。孝文帝出巡给了一些不法之徒可乘之机，他们煽动元恂推翻孝文帝的统治，自己做皇帝，这样就不用再待在洛阳这个炎热的地方，也不用再穿不习惯的汉服了。后来，太子与亲信合谋杀死了高道悦，秘密挑选了宫中御马三千匹，向平城方向逃去，妄想在平城与孝文帝分庭抗礼。太子出逃之后，城内贵族蠢蠢欲动，幸好领军元俨派兵严密防守各宫门，这才阻止了事态的发展。

第二天清晨，尚书陆琇驰马奏报，孝文帝闻讯大惊，急忙折返洛阳，命人将元恂押解回来，并亲自对元恂进行杖责。想到元恂的愚蠢，孝文帝的惩罚非常重，孝文帝命人将元恂打得皮开肉绽才命人拖出门外，囚禁于城西别馆。在谋反之事平息之后，孝文帝在朝堂上向大臣们询问废立太子的事情，太子的两个老师太傅穆亮和少傅李冲急忙一齐叩头请罪，孝文帝说："你们

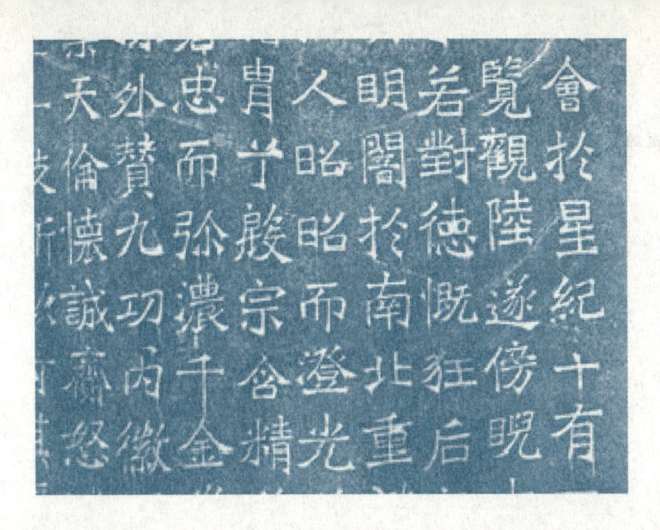

魏孝文帝吊比干文碑

请罪是因为没有教育好他，这件事我也有责任，就不多加追究了。太子的事情并不是我的家事，而是国家大事，所以我才在朝堂之上询问你们的意见。元恂叛变，实在是犯了天下最不可饶恕的罪过，我今天要大义灭亲，否则等我百年之后，这小子必定是国家的祸害，甚至晋末的永嘉之乱又要在我的国家重演了，所以，绝对不能让他继续担任太子了。"随后，孝文帝下令废元恂为庶人，将其囚禁于河阳无鼻城，并派兵看守，只给他些布衣粗食。次年四月，孝文帝接到奏报，说是元恂又准备谋反，孝文帝听后十分愤怒，在调查清楚之后，他逼令元恂自尽，殓以粗棺常服，就地埋葬，当时元恂只有十五岁。

孝文帝崇尚汉族文化，他以坚定的决心对北魏进行了全方位的改革。为了保证改革的顺利进行，他迁都洛阳，甚至不惜大义灭亲，最终使得北魏更加强大，很好地融入了汉族文化圈。

一代明君唐太宗李世民

唐太宗李世民是中国封建社会的一代明君,在他登基之后,他努力学习治理天下,积极听取臣子建议,成功由一个马上统帅转型为文治明君。平定天下之后,在宫中,唐太宗厉行节约,为天下做出榜样,形成了唐朝初年的节俭之风;在地方,唐太宗减免赋税,让百姓休养生息,使唐朝逐渐强盛;在外,唐太宗以博大的胸怀接纳四方民族,推动了各民族的融合。正是因为这些政策,唐太宗开创了历史上有名的"贞观之治",推动了中国封建社会的发展。

唐武德元年(618年),李世民在太原随父亲李渊起兵反隋,建立唐朝。唐朝建立以后,为统一全国,唐高宗李渊下令先后对各路诸侯进行征伐。在征伐战中,李世民成了最耀眼的明星,他先后消灭了陇右薛举父子、刘武周、王世充、窦建德、刘黑闼等军阀势力,为唐朝的统一立下了汗马功劳。自此之后,秦王李世民在百姓心目中有了很高的威望。在李世民率军胜利回师之后,百姓们夹道欢迎李世民和其军队,有些人在城中高呼万岁,完全将李世民当做皇帝看待。

唐武德四年(621年),唐高祖李渊册封李世民为天策上将,准许其自置官署,天策府俨然成了一个小政府机构。这样的封赏使得当时的太

唐高祖李渊像

子李建成十分恐慌，一般来说，除了朝廷之外，只有太子可以设置官署，唐高祖允许李世民设立官署，对李建成的太子之位是个极大的威胁。所以，李建成开始处处针对李世民，并几次派人陷害他。在危急时刻，李世民决定先发制人，他与天策府的亲信设计，在玄武门杀死了太子李建成和齐王李元吉。玄武门事变后三天，李世民被册封为太子，一个月后，唐高祖退位，李世民正式登基，庙号"太宗"，史称唐太宗。

李世民即位之后，为壮大国家实力，他推行了全方位的社会变革。

政治上，为了强化专制主义中央集权，唐太宗进一步完善了"三省制"。"三省制"即中书省负责全国的军政大事，代皇帝起草诏令；门下省负责审核中书省起草的诏令，如果发现不妥之处，可以不批或者驳回；尚书省负责皇帝诏令和政策的执行。中书省发布命令，属于决策机构；门下省审查命令，属于审议机构；尚书省执行命令，属于执行机构。一个政令一般先由中书省商议形成决议，后报皇帝批准，再由中书省以皇帝的命令发布。诏令发布前，必须有门下省审查，只有门下省副署（正式法令或文书上有关负责人在正职人员签署之后连同签署，谓之副署）后的诏令才能成为具有法律效应的正式法令，再交由尚书省执行。唐太宗统治时期的三省职权划分初步体现了现代政治的分权原则，运作方式非常类似于西方国家的"三权分立"，而西方国家在唐太宗李世民颁行"三省制"后的一千多年（即十七世纪）才形成类似的"三权分立"学说，可见唐太宗统治时期的政治文明十分发达。而唐太宗让门下省监督自己诏令的发布，有效防止了他在考虑不周时作出错误的决定，显示了他超人的智慧和开阔的胸襟。

唐太宗在朝中提倡廉政，使得当时朝中节俭之风盛行。许多官员家中节

唐太宗李世民像

俭朴素，国内奢华之风大减。除了要求他人，唐太宗自己也比较节俭，在位期间，他为群臣做出了表率。唐太宗一面增加官员的俸禄，一面加强廉政的宣传，建立监察机构，使得贪污之风大减。

唐太宗是一位非常重视法制建设的皇帝，在他继位之后，他就命长孙无忌、房玄龄等人对《武德律》进行修改，因为《武德律》已不能适应当时形势的需要，后历经十年，形成了定本《贞观律》。《贞观律》体现了立法公平、务求宽简、慎刑恤罚、反对严讯、明正赏罚、一断以律的思想，《贞观律》大大减少了《武德律》中重刑条款的数量，缩小了族刑、连坐的范围，废除斩趾酷刑，增设了役流；确立了五刑、十恶、八议、请、减、赎、当、免及化外人（即"蕃夷之国"的人，指外国人）有犯、类推、死刑复奏等基本原则和制度。唐太宗非常重视人命至重、不可妄杀的法政政策，《贞观律》规定，死刑需三复奏（外地五复奏）复审批准后方可行刑。贞观四年（630年），全国判死刑的才二十九人，贞观六年（632年）全国共有死刑犯三百九十人，唐太宗下令让这三百九十个死刑犯回家过年，待来年秋收后回来复刑，结果三百九十人均准时到来，无一人逃亡。

经济上，为了发展生产，唐太宗改变了封建王朝历来推行的"重农抑商"政策。贞观王朝不仅不歧视商人，还为商业发展提供了许多便利条件，因此，贞观王朝的商业经济有了迅速发展，出现了沿海的交州（今越南北、中部和中国广西的一部分）、广州、福州，内陆的洪州（今江西省南昌市）、扬州、益州（今四川省成都市）和西北凉州（今甘肃省武威地区）等世界出名的商业城市，而首都长安和陪都洛阳则成了世界性的大都会。唐太宗对丝绸之路十分重视，他打通并维护了丝绸之路，这对东西方文化与经济的交流具有促进作用。丝绸之路上的商旅不绝于途，品种繁多的大宗货物在东西方世界往来传递，使丝绸之路成了整个世界的黄金走廊。

唐朝初年，西藏还处在奴隶制阶段，唐太宗答应吐蕃赞普松赞干布的求亲请求，将文成公主下嫁吐蕃。文成公主一行带去了先进的生产技术和理念，使吐蕃从奴隶社会迈进了封建社会，并促进了西藏地区的发展。

此外，唐太宗为了使大量流亡的农民重新回到土地上参加生产，保证赋

唐代画家阎立本所绘《历代帝王图》（局部）

税、徭役和兵源，他继续推行均田制。唐律根据封建等级的高下，给予各级官兵多少不等的土地，并按人口数量给予从事生产的农民土地。尽管唐代的均田制并未从根本上触动地主阶级的土地私有制，对农民的授田只限于无主荒地，但是农民都从国家获得了相当数量的授田，口分田与直接生产的农民相结合，使得土地不至荒芜，保证了农业生产；永业田与直接生产者相结合，使得桑麻产量得以保证，为发展手工业提供了原料。贞观时期推行的一系列农业措施使得人口激增，耕地面积扩大，农作物单位产量提高，人民生活富裕，出现了封建社会少有的"河清海晏，物殷俗阜"的局面。

在教育方面，唐太宗在隋朝的基础上完善了科举制度，促进了科举的规范化、公平化，而且他还主张在各地建立学校，使得当时教化大兴，后来唐太宗见到新科进士鱼贯而出，自豪地说："天下英雄，入吾彀中矣。"

一个国家要想获得长足发展，团结稳定的民族关系是必不可少的条件。唐太宗胸怀广大，采取积极的外交政策和包容的民族政策，这样的民族政策和外交政策取得了巨大的成效，四海之内，只要知道中国的都向往这个地方，来这儿的都乐不思蜀。因为在这里，他们和唐朝人有着一样的待遇，甚至他们还可以做官。许多国家也以能和唐朝建交为荣，这使唐朝广纳四方之众，更好地推动了经济的发展。

唐太宗在位三十二年，他吸取了隋朝灭亡的教训，努力避免历史上一些帝王所犯的好大喜功、急功近利、穷兵黩武的错误，更加注重现实，制定政策时做到了量力而行，使唐朝经济得以迅速发展，使都城长安成为了当时东方的经济文化中心。正是这些英明政策，使得唐太宗在位期间出现了经济繁荣、百姓安定的"贞观之治"。这是唐朝的第一个治世，同时也为后来的开元之治奠定了坚实的基础。

"贞观之治"的主要缔造者之一——房玄龄

"一个篱笆三个桩，一个好汉三个帮"，一个君主想要创下伟大政绩，自然是需要有能臣辅佐的。在"贞观之治"的功劳簿上，唐太宗李世民居于第一是理所当然的，而房玄龄，在第二排写下自己的名字，也是当之无愧的。

房玄龄（579年—648年），名乔，字玄龄，齐州临淄人（今山东省章丘市）人，是唐朝初年著名的良相、杰出的谋臣，是大唐"贞观之治"的主要缔造者之一。房玄龄是一位出身书香世家的纯正儒生，跟随唐太宗东征西讨十几年，一直被唐太宗视为心腹，唐太宗即位之后，房玄龄任宰相二十几年，功勋卓著，地位显赫。"群星捧月月隐平，治世夜空灿月明"是对他特有的名臣气度、良相风格的赞美。

房玄龄年少的时候就有敏锐的洞察力。有一次，他跟随父亲去京城，到了京城之后，父亲看着繁华的都市，感慨地说："孩子，你看看这美丽景象，百姓安居乐业，生活美满，大隋朝必定能长治久安，传承久远的。"房玄龄却不同意父亲的观点，他说："我觉得隋朝很快就要灭亡了，隋朝表面看上去风调雨顺、国泰民安，实际上底下已经暗流涌动。文帝废长立幼，肯定会导致兄弟相残，到时候必定天下大乱。再加上许多将领手握重兵，等到文帝驾崩之后，新帝不一定能降得住这些人。到时候，恐怕就会有人起兵造反了。所以，我并不看好隋朝的未来。"

果不其然，隋文帝死后不久，各地豪强便纷纷起兵造反。由此可见，房玄龄从小便具有敏锐的政治嗅觉。在天下狼烟四起的时候，房玄龄却依然待在家中静观各路诸侯。直到当时的李渊次子李世民崭露头角，房玄龄才认为自己找到了值得效忠的主子。隋末大乱，李渊率兵入关，房玄龄得机会投奔了李世民。经过和房玄龄的短暂接触，李世民发现房玄龄是一个不可多得的人才。于

房玄龄像

是李世民任命房玄龄为记事参军，负责筹划军政事务。每当消灭一方势力，其他人做的第一件事就是搜刮奇珍异宝，只有房玄龄四处为李世民寻访贤士。在李世民征战天下的过程中，房玄龄虽然没有亲自披挂上阵，但他的功劳一点都不比那些征战沙场的武将少。就连唐高祖李渊都称赞房玄龄说："这个人是一位不可多得的贤才，我儿取得如此大的战果，与他的精心辅佐有很大关联。"

贞观元年（627年），刚刚即位的唐太宗李世民大封功臣。房玄龄被唐太宗评为功劳之首，官拜中书令，并加封邢国公。李世民的堂叔不服封赏，他对李世民说："您与上皇刚起兵时，我就率军投靠您了，难道就连一个手拿笔杆的书生也不如吗？"李世民听完哈哈大笑，对他说："你难道没有发现，除了你之外，其他人都对房玄龄居头功没有意见吗？你在我们父子刚刚举事的时候便加入我们，这话不假，但是你却从来没有上战场杀敌，在我看来，你的功劳都远远不如那些征战的武将，更何况是房玄龄呢！房玄龄虽然不曾上阵杀敌，但是却在后方运筹帷幄，安定社稷，这等功劳，堪比萧何，所以我记他头功，这也是众多功臣所肯定的。你是皇亲国戚，我当然不会吝惜对你的赏赐，可是你不能让我因为私情而记你头功啊，这不是让我被天下百姓耻笑吗？"

贞观二年（628年），房玄龄被唐太宗封为魏国公，升任为尚书左仆射。房玄龄任人唯贤，不分卑贱，世人都称他为贤相。虽然位极人臣，备受恩宠，但这并没有让房玄龄变得高傲，他反而更加谦虚谨慎。他常说："我家深受皇恩，儿子娶高阳公主为妻，女儿嫁给了韩王，做了韩王妃，这都是皇上错爱，我们不能恃宠而骄，更应该认识到自己的不足，尽心为国家、为皇上办事。"

据传，房玄龄虽然在官场上颇有作为，但是却十分怕老婆，就连街上的小孩都知道宰相房玄龄惧内。一天，唐太宗宴请开国元勋，在酒足饭饱的时候，大家开起了房玄龄的玩笑，说房玄龄堂堂男儿，竟然怕老婆。喝了几杯的房玄龄经不住这些老朋友的刺激，当即吹牛说自己从来没怕过老婆，就是现在找几个小妾，他夫人也不敢说啥。于是唐太宗借着酒兴当即赏给房玄龄两位美人。房玄龄没想到皇上竟然将自己的话当了真，想到家中的妻子，房玄龄不禁直冒冷汗。而这时，李世民笑着对房玄龄说："爱卿，如果你不把这两位美人带回家，那可是犯了欺君之罪。"无奈之下，房玄龄只好将她们带回家中。

果然，房玄龄的妻子见房玄龄带着两个漂亮女子回府，便大发雷霆，提着鸡毛掸子将房玄龄和两个美人都赶出了府。唐太宗很快就知道了这件事，虽然唐太宗的本意是和房玄龄开玩笑，但是房夫人的做法让唐太宗有些下不来台。于是，唐太宗便召房玄龄和其夫人问罪。见到房玄龄夫妇之后，唐太宗对房夫人说："我不追究你的抗旨之罪，我给你两个选择，一是带着这两位美人回去，好好过日子，我也就不再追究什么了，另一个选择是喝了这坛毒酒，我宽恕你丈夫的欺君之罪，不然的话，我绝不会轻饶了他。"说完，唐太宗便笑眯眯地看着房玄龄夫妇。房夫人心想：接这两个美人进府，迟早会和我发生矛盾，那还是犯了欺君之罪，反正难免一死，不如喝了这"毒酒"痛快。于是，房夫人便举起坛子，将"毒酒"一口一口地喝了下去，房玄龄一看，急得眼泪都要掉下来了，而唐太宗却和金銮殿上的大臣们一起大笑了起来。原来，坛子里面装的不是"毒酒"，而是食醋。看见这种情况，唐太宗无奈地说："房夫人，我可真服了你了，算了，你们的家事我不插手了，你们自己处理吧。"从此之后，"吃醋"这个词便成了女人间妒忌的代名词。

贞观二十三年（649年），房玄龄旧病复发，唐太宗马上命令太医前往房府诊治。此后，唐太宗每天都命御膳房为房玄龄做调养的食物，而且时刻关注着他的病情。当听说房玄龄病情好转，唐太宗便喜形于色；一听说房玄龄病情加重，唐太宗就愁容满面。遗憾的是，房玄龄最终还是没有抵抗住病魔的侵袭，不久之后便病逝了，享年七十岁。房玄龄去世后，唐太宗下令废朝三日，为房玄龄默哀，并加封他为太尉，谥号文昭，特许其葬于皇陵旁边，以表其功。

唐太宗的镜子——魏征

"上不负时主,下不阿权贵,中不侮亲戚,外不为朋党,不以逢时改节,不以图位卖忠",这句话是对贞观时期一位谏臣的性格总结,也是对他最恰当的赞美。在他死后,唐太宗说自己失去了一面镜子,而这位著名的谏臣就是魏征。

魏征(580年—643年),字玄成,巨鹿人(今河北省邢台市巨鹿县),唐朝著名的政治家、思想家,中国古代最负盛名的谏臣,以直谏敢言名传千古,曾任谏议大夫、左光禄大夫,封郑国公。

隋朝末年,隋炀帝实行暴政,弄得天下大乱,农民无法忍受压迫,纷纷揭竿而起。在农民起义军中,以李密领导的瓦岗军势力最为强大。隋大业十三年(617年),武阳郡丞元宝藏起兵响应李密,在元宝藏和李密的书信往来中,都是时任元宝藏文书的魏征为其代笔,李密每次看完元宝藏的书信,总是感叹他文采出众,直到一次偶然的机会,李密才知道,元宝藏的书信原来是一个名叫魏征的人写的,真正有文采的人原来是他。于是,李密把魏征从元宝藏手中要了过来,请他为瓦岗军出谋划策。

魏征加入瓦岗军以后,给李密出了很多计策,对瓦岗军的发展壮大帮助很大。例如,他提出了"西取魏郡(今河北省临漳县),南取黎阳仓(在今河南省浚县西南)"的主张。在这一主张的指引下,

魏征像

瓦岗军很快夺取了黎阳仓，再加上以前夺取的洛口仓、回洛仓，瓦岗军控制了隋朝在中原的三大粮仓，这使得隋军陷入了缺粮的困境，军队战斗力大减，而瓦岗军的军队给养非常充足，不久之后，瓦岗军在和隋朝的战斗中占据了上风。

李勣像

因为拥有充足的粮食，魏征多次建议李密开仓放粮，赈济灾民，李密听从了魏征的建议。开仓放粮的举动使得瓦岗军的影响力大增，许多起义军纷纷投靠瓦岗军，那些被救济的灾民也纷纷加入瓦岗军，使得瓦岗军的势力更加壮大。

因为多次进献良策，魏征获得了李密极大的肯定，李密封他为行军元帅府的文学参军，主管军中文书。后来，李渊父子起兵，唐军势力迅速壮大，李密选择了投降李渊，魏征也跟随李密一起来到了唐朝阵营。

在李密降唐之后，李勣（jì）还在为李密守着黎阳，当他听闻自己的主公竟然在大好形势下选择了投降别人，李勣心中十分不满，便想自己独立。魏征写信劝他，信中说："当初魏公由叛逆者而起兵，大家深恨隋朝，魏公才能得到四方响应，迅速拉起几十万的队伍，创下那么大的基业。可是，魏公毕竟根基浅薄，一旦失败，则再也没有翻身的机会了。投靠一个最强大的门阀才是我们最好的选择，将军您驻守要地，也需要及早为自己做打算了，以您现在的力量是无法守住黎阳的，如果不趁早谋划，恐怕会造成不可挽回的后果，希望您三思而后行。"在魏征的劝说下，李勣终于选择了归附唐朝，并将黎阳仓的粮食全部交给唐军。与此同时，魏征还说服旧主元宝藏也归顺了唐朝，为唐朝的统一作出了很大贡献。

归顺唐朝之后，魏征成为了太子李建成的东宫僚属。在太子李建成和秦王李世民的冲突日渐明显的时候，魏征曾多次劝说李建成先发制人，趁李世民还没做好准备时一举袭杀李世民。但是，李建成没有重视魏征的建议。后来，当时还是秦王的李世民在玄武门设下埋伏，杀死太子李建成和齐王李元吉,成功地获得了唐朝未来的领导权。

玄武门之变以后,李世民并没有杀死魏征,反而准备重用他。在李世民的感化之下,魏征选择了加入李世民集团。李世民即位之后,封魏征为谏议大夫,负责审查帝王和臣子的得失。魏征性格耿直,常常据理力争,不论是谁,哪怕是唐太宗李世民,只要他犯错,魏征都会毫不留情地指出来。唐太宗曾经开玩笑地说:"朕拥有天下,在这片土地上是至高无上的,可是,朕却害怕魏征啊!有时候,朕一见到他就想躲着他,真是令人想不通啊!"由此可见,魏征耿直的性格让唐太宗有时候也有点"头疼"。

贞观二年(628年),魏征被任命为秘书监,并参掌朝政。一次,长孙皇后听说一位姓郑的官员有一位十六七岁的女儿,才貌出众,在京城里可以说是独一无二。于是,长孙皇后建议唐太宗将这位女子聘入宫中,册封为妃子。唐太宗一听十分高兴,便立即下旨命人到郑家下聘礼。魏征听说这个女子已经许配给了陆家,便急忙进宫劝阻。魏征对唐太宗说:"陛下是这个天下的主人,天下百姓都是您的子民,您应该时时刻刻记挂他们。您住在金碧辉煌的宫殿里时,您应该想要让百姓都有避寒的房屋;您吃山珍海味的时候,应该想要让百姓们都吃饱肚子;在您后宫妃嫔成群的时候,您应该想要让百姓家的孩子都能娶妻生子,生活美满。现在郑大人的女儿明明已经许配了人家,您却准备将她纳入后宫,这事您不能做。这件事如果传出去,天下的百姓会如何看待您呢?"唐太宗听后非常吃惊,当即表示歉意,决定收回成命。

长孙皇后听说了唐太宗的决定后,

北宋的《唐太宗纳谏图》

对唐太宗说："郑家女儿已许配人家之事纯粹是子虚乌有，再者，当皇帝的怎能朝令夕改呢？明天可以将郑家人叫来询问，这样足以证明魏征所奏是否属实。"

第二日，唐太宗询问了郑家人，得知他们的女儿并未许配给别人。唐太宗心里十分恼火，便传魏征前来询问。魏征直截了当地说："普天之下，就属陛下您最有权势了，现在您看上了人家的女儿，人家哪里敢讲实话，生怕哪个地方惹怒了您，而被您降罪。臣觉得臣的胆子足够大了，可是，假如这样的事情落在臣的头上，臣恐怕也不敢说实话。"唐太宗笑着说："你还不敢说，朕都让你说了多少次了。"随后，唐太宗便收回了娶郑家姑娘的旨意，因为他知道，魏征说的话虽然不中听，但都是恳切之言。

唐太宗酷爱打猎，但是魏征屡次劝阻他停止这种奢华的爱好，魏征对唐太宗说："您打一次猎就要花费很多，而且这种活动会增加朝中的奢华之风，您身为皇帝，应该以身作则，杜绝这种浪费行为。"唐太宗听从了魏征的意见，尽量减少打猎次数。有时候，唐太宗刚穿上打猎的服装时，就想起了魏征的话，于是只好重新脱下来。

有一次，唐太宗得了一只上好的鹞鹰，心里十分欢喜，便整天把它放在自己的肩膀上。一天，唐太宗正在逗弄自己的鹞鹰，却看见魏征从远处走了过来，唐太宗生怕魏征看见鹞鹰之后又要说他，于是急忙把鹞鹰藏在了自己的衣袖里。其实，魏征老远就已看见唐太宗在逗弄一只鹞鹰，于是他故意将汇报的时间拖了很长，等到魏征退下之后，唐太宗才发现鹞鹰早已经闷死在衣袖里了。

贞观十一年（637年），魏征看到唐太宗逐渐怠惰，懒于政事，追求奢靡，便奏上著名的《谏太宗十思疏》，文中写道：

臣闻求木之长者，必固其根本；欲流之远者，必浚其泉源；思国之安者，必积其德义。源不深而望流之远，根不固而求木之长，德不厚而思国之治，臣虽下愚，知其不可，而况于明哲乎？人君当神器之重，居域中之大，将崇极天之峻，永保无疆之休，不念居安思危，戒奢以俭，德不处其厚，情不胜其欲，斯亦伐根以求木茂，塞源而欲流长也。

凡百元首，承天景命，莫不殷忧而道著，功成而德衰，有善始者实繁，能克终者盖寡。岂其取之易而守之难乎？昔取之而有余，今守之而不足，何也？夫在殷忧，必竭诚以待下；既得志则纵情以傲物。竭诚则吴、越为一体，傲物则骨肉为行路。虽董之以严刑，震之以威怒，终苟免而不怀仁，貌恭而不心服。怨不在大，可畏惟人；载舟覆舟，所宜深慎。

……

意思是说，"我听说，要想使树木生长得茂盛，则必须稳固它的根部，因为根深方能叶茂；要想水流潺潺，经久不息，则必须疏通它的源头，因为源远才能流长。治理国家也是同样的道理，如果想使国家长治久安，就必须积聚道德，缓和与百姓间的矛盾。反之，源流不深却要它长流，根基不牢却要树茂盛，德义不厚却想使国家安定。我虽然是个无知之人，却也知道这样是不可能的，更何况像您这样的英明君主呢！作为统治天下的国君，如果不居安思危、戒奢以俭、从长远利益出发，那就等于是刨了树根希望树木茂盛，堵了源泉还要流水畅通啊！

"历代的君王秉承天命治理天下，很多人可以善始，却不能善终。难道取业比守业简单吗？这其实是因为在打天下的时候，帝王诚心诚意对待臣民，一旦取得天下，便纵情傲物。如果彼此竭诚相待，虽远隔一方，心也会在一起；如果远离同陌路。如果只是用刑罚威势镇压百姓，就会使百姓外表恭顺而内心不服。时间久了必然会激起民愤。人民的力量是可怕的，水能载舟，亦能覆舟。一定要慎重行事啊！"

看完魏征的奏折，唐太宗做了深刻的自我检讨，重新找回了以前那个勤政爱民的自己，继续将唐朝推向强大。可以说，盛世唐朝的出现，有魏征一份不可抹杀的功劳。

贞观十六年（642年），魏征病逝家中，唐太宗大哭，并亲自吊唁。唐太宗对百官说："夫以铜为镜，可以正衣冠；以古为镜，可以知兴替；以人为镜，可以明得失。朕常保此三镜，以防己过。今魏征殂逝，遂亡一镜矣。"魏征的一生，以直言劝谏著称，在他辅佐唐太宗的这些年里，他先后上疏二百余条，强调"兼听则明，偏听则暗"，帮助唐太宗纠正了许多错误，对唐太宗开创的千古称颂的"贞观之治"有突出贡献。

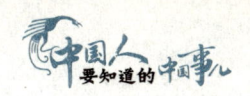

至尊红颜武则天

武则天是中国历史上唯一一位正统的女皇帝，也是登基时年龄最大的皇帝（六十七岁即位）。在封建社会那个男尊女卑的时代，武则天一介女流，却登上了皇帝的宝座，不能不说是一个传奇。

武则天从小才貌出众，聪慧过人，在京城颇有名气。贞观十一年（637年），十四岁的武则天被召进宫成为了唐太宗的才人。入宫后，唐太宗见武则天生得妩媚动人，就为她赐号武媚，人称媚娘。

当时的武则天虽然只有十四岁，但是不光样貌妩媚动人，而且胆识过人。当时，唐太宗得到了一匹骏马，名叫狮子骢（cōng），这匹马性情暴烈，唐太宗派了很多人去驯服它都未能成功。一天，当时年仅十四岁的小才人武则天大胆地对唐太宗说："臣妾能够驯服这匹烈马。"唐太宗看这样一个柔弱的小姑娘竟然口出狂言，便问："你如何驯服烈马呢？"武则天说："臣妾只需要一条鞭子、一个铁锤、一把匕首就可以驯服它。我会先用鞭子抽它，如果它不驯服，我会用铁锤敲它的脑袋，如果它还不驯服，我就用匕首割断它的喉咙。"一个年纪轻轻的小才人，个性如此强悍，这让唐太宗大为赞叹。

武则天是个非常有心计的女人，她希望用自己的美貌迷住唐

武则天像

太宗，并以此上位。但是，武则天高估了自己对唐太宗的吸引力。唐太宗在位时，武则天做了十二年的才人，地位始终得不到提升，这种情况让武则天很是着急。唐太宗病重期间，太子李治常常前来探望唐太宗，于是，武则天开始有意接近李治。没迷住唐太宗的武则天很快便把李治迷得神魂颠倒，并让李治许下了将来立她为后的诺言。

贞观二十三年（649年），唐太宗病逝，太子李治继位为唐高宗。按照规定，前朝没有子女的妃嫔都必须出家为尼，于是，武则天等人被送往感业寺出家。在感业寺的武则天并不甘心一辈子待在这里，于是，她不断寻找机会联系唐高宗，希望唐高宗能够实现他的诺言，立自己为皇后。

永徽二年（651年），武则天被唐高宗召出感业寺，并在不久之后被立为昭仪。但是，武则天并不满足于昭仪的地位，她对皇后的位置充满了渴望，无时无刻不想着扳倒当时的王皇后。终于，有一次，武则天在王皇后看过自己刚出生的女儿之后，下狠心掐死了自己的女儿并栽赃给王皇后。凭借狠辣手段，武则天成功地坐上了皇后的宝座。

但是，长孙无忌为首的关陇集团对武则天被立为皇后很是不满，他们曾多次劝唐高宗废后，于是，武则天和关陇集团的矛盾变得非常尖锐。

当时的关陇集团实力强大，已经让唐高宗非常忌惮，所以，唐高宗采取了沉默策略，站在幕后关注着关陇集团和武则天的斗争。唐高宗本以为武则天一个柔弱女子，肯定斗不过关陇集团那些老谋深算的人，但是，结果却令唐高宗大吃一惊。武则天不但在和关陇集团的斗争中稳居上风，而且还将长孙无忌驱逐出了长安，成功地介入了朝堂。

这时的唐高宗已经对武则天有了戒心，当唐高宗准备限制武则天的权力时，他却患上了眼疾，接着，唐高宗便开始了漫长的养病岁月，而武则天则顺理成章地开始帮助唐高宗治理天下，并慢慢地将政权掌握到了自己手中。深受眼疾困扰的唐高宗本就对朝政十分厌烦，现在有了武则天帮助他，他慢慢地就放弃了废后的念头。

在武则天的治理下，朝廷政令通畅，这使得武则天威信大增，许多百姓将她和唐高宗并称为"二圣"。

弘道元年（683年）十二月，唐高宗病逝，太子李显即位，即唐中宗。

稚嫩的唐中宗比起执掌朝政多年的武则天来，自然相差甚远，所以，大权仍然牢牢地掌握在武则天的手中，大多数军国大事仍由武则天处理。仅仅两个月后，武则天就找了个借口，将李显废为庐陵王，并将其幽禁起来，并立四子李旦为帝，即唐睿宗。同时，武则天架空了唐睿宗，不准他参与朝政。这种情况引起了李氏宗族的强烈不满，他们不甘心李家的天下由一个外姓女人掌控，所以准备反抗武则天。

垂拱四年（688年）七月，唐太宗之子越王李贞及琅琊王李冲父子相继在博州（今山东省聊城市东北）和豫州（今河南省汝南县）起兵反抗武则天。可是，如同一盘散沙一样的李氏宗族在武则天眼中不堪一击。武则天派左金吾大将军丘神勣为清平道行军大总管，率兵征讨起兵的李氏宗族。仅仅七天，李冲父子就兵败被杀，而越王李贞也仅仅抵抗了一个多月。看到李氏宗族的巨大威胁之后，武则天毫不犹豫地向他们挥出了屠刀。武则天命令酷吏周兴对李贞和李冲的手下进行审讯，之后根据供词剪除了大批手握兵权的李氏宗族，大幅削弱了李家对唐朝的影响力，这为武则天后来以周代唐奠定了基础。

至高的权位不断诱惑着武则天，这让武则天心痒难耐，她又开始不满足自己的地位了，她想当皇帝。可是，以前从来没有女子称帝的先例，再加上生在男尊女卑的封建社会，想要荣登帝位，实在是难上加难，所以，武则天导演了一出戏。

武则天命僧人法明编写《大云经》并进献给她，经书上说武则天是弥勒佛转世到唐朝，应该代替李家成为天下之主，为中国大地带来新的辉煌。得到经书之后，武则天迅速下令颁行天下，为自己造势。之后，她又策划了万民请愿等事件，为自己的登基做足了声势。690年的重阳节，六十七岁高龄的武则天终于登上了皇位，实现了她的皇帝梦，她废唐睿宗李旦为皇嗣，改唐为周，自号圣神皇帝，成为中国历史上第一位正统女皇帝，开始了她的女皇时代。

长孙无忌像

武则天称帝后面临着一个难题：在自己百年之后，皇位是应该传给武氏子孙呢，还是重新交还李家呢？这个问题让她伤透了脑筋。要知道，在夏启建立家天下之后，皇位一直都是在一家一姓中传递的，如果选择了自己的儿子，那虽然是一家，却和自己不是一个姓。如果选择了自己的侄子，姓虽然一样了，但却不是一家，于是，太子之位便空了下来。太子之位的空置让武家的子孙疯狂了，一想到自己将来有可能坐上太子的位置，他们再也按捺不住了。于是，武家子孙开始拼命打压李家子孙，特别是前皇帝李旦更是被武家子孙折腾得死去活来。这时，武则天最为信任的大臣狄仁杰站了出来，他劝武则天将皇位重新传回李家子孙手中。经过慎重考虑，武则天立庐陵王李显为太子。

解决了继承人的问题后，武则天开始耽于享乐，一批男宠出现在了她的生活中，其中张易之、张昌宗兄弟是武则天最为宠信的两个男宠。在武则天的暮年，二张插手朝政，将朝堂搞得一团糟。神龙元年（705年），张柬之、桓彦范、崔玄、敬晖等亲唐臣子乘机发动政变，逼武则天退位，迎中宗复位，重新恢复唐朝旧制。当年十二月，武则天去世，享年八十二岁。

毛泽东评价武则天时说："武则天确实是个治国之才，她既有容人之量，又有识人之智，还有用人之术。她提拔过不少人，也杀了不少人。刚刚提拔又杀了的也不少。"作为中国历史上唯一一位正统女皇，武则天开创了历史的先河。虽然她在晚年耽于享乐，但是不容忽视的是，在她参与朝政以及统治期间，唐朝经济快速发展，边疆形势渐趋稳定，文化空前繁荣，因此，她是一位对历史发展作出巨大贡献的政治家。

一代名相狄仁杰

狄仁杰（630年—700年），字怀英，唐代并州太原（今山西省太原市）人，唐（武周）时杰出的政治家，武则天当政时期的宰相，以不畏权贵著称。狄仁杰始终保持体恤百姓、不畏权势的本色，一生为维护唐王朝而努力，被后人称为"唐室砥柱"。

狄仁杰出身于一个官宦家庭，其祖父狄孝绪曾在贞观时期担任尚书左丞，父亲狄知逊曾任夔州长史。狄仁杰通过明经科考试走进了官场，出任汴州判佐，但是上任时间不长便被人陷害，差点丢了性命。幸亏当时的工部尚书阎立本查明了事情的真相，救下了狄仁杰，并推荐狄仁杰做了并州都督府法曹。

唐高宗仪凤年间（676年—679年），狄仁杰的仕途出现了重要转折，唐高宗将他调进了大理寺。在大理寺工作的一年中，狄仁杰将历年来所积压的案件处理一空，这些案件涉及人数达一万七千人，但是狄仁杰做到了没有一件冤假错案，没有一个判决不合理，他在破案中表现的公正严明令他名声大振。那时，谁都知道，大理寺出了一个不畏强权、断案如神的神探。

狄仁杰像

在断案过程中，狄仁杰表现了其铁面无私的一面，无论是对达官贵人还是平民百姓，狄仁杰都秉公办事，毫不偏袒，一切都按照律法行事。例如当时有一件案子是这样的：武卫大将军权善才

因为误砍了皇陵周围的树而被下狱，狄仁杰向唐高宗奏明此事，认为按律应当免除其职务，但是唐高宗认为权善才亵渎皇陵，下令将其处斩。狄仁杰认为权善才罪不当斩，唐高宗大怒，狄仁杰劝阻唐高宗道："臣知道龙都是有逆鳞的，自古以来，忤逆自己的主子，一般是不会有好下场的，今天，臣却不这么认为，如果生活在桀纣时期，那必定没有好下场，但是如果生活在尧舜时期，则会得到宽恕。臣很幸运，遇到了像尧舜一样圣明的帝王，所以不必担心会有比干那样的祸事。今天武卫大将军因为皇陵的一棵树而被您下令处死，臣实在不敢接受您这样的命令啊，他犯的并不是死罪，而您却要处以他极刑，而将律法抛到了脑后。您想想，如果我刚才按照您的旨意处死了武卫大将军，那么，千百年之后，后人会怎么评价您呢？"听完狄仁杰的一番话，唐高宗的怒气也消了，不再一意孤行了，权善才也因此免于一死。

不久之后，狄仁杰被调任御史，负责纠察百官。在任期间，狄仁杰一直恪守职责，对一些仗着皇帝的恩宠胡作非为的官员进行了弹劾。左司郎中王本立仗着唐高宗的恩宠为非作歹，狄仁杰毫不留情地将他告上金銮殿，请求唐高宗下令拘拿王本立归案。唐高宗因为十分喜爱王本立，想包庇他，狄仁杰却据理力争，他严肃地说："国家法度怎么能因为一个人而遭到践踏，您不能因为一个胡作非为的人而破坏了朝廷法度，如果陛下非要这么做，就会造成法制崩塌，后果将不堪设想。"最终，王本立被按律定罪，百官都知道朝廷中出现了一位刚正不阿的御史，因此再也不敢藐视国家律法，朝廷风气得到了很大改善。

狄仁杰的一生始终忠于唐王朝，唐高宗死后，武则天夺取唐朝政权，改国号为大周。这时，许多忠于唐王朝的官员纷纷辞官退隐，但是狄仁杰选择了留下来。许多老臣不理解狄仁杰的做法，认为他是一个见风使舵之辈，对他百般嘲讽，但是狄仁杰不为所动，他不想曾经如此辉煌的唐王朝走向衰落，于是他背着骂名在自己的岗位上尽心尽力地维护着这片河山。

天授二年（691年）九月，狄仁杰被任命为户部侍郎、同凤阁鸾台平章事，开始了他的宰相生涯。狄仁杰虽然在武则天手下任宰相之职，但是他始终反对武家彻底取代李家。所以，一直妄图继承武则天皇位的武承嗣视狄仁杰为眼中钉、肉中刺。

长寿二年（693年）正月，武承嗣勾结酷吏来俊臣诬告狄仁杰谋反，将

他逮捕下狱。有这样一项条款：对于谋反者，如果刚一审问便如实招供者，可以免除其死罪。所以当来俊臣准备用酷刑逼供时，狄仁杰便承认自己参与谋反。得到狄仁杰认罪书的来俊臣心中十分高兴，认为狄仁杰再也翻不了身了，便对狄仁杰放松了警惕，而狄仁杰则乘着这个机会，写了一封鸣冤状，交给狱卒悄悄带了出去。第二天清晨，狄仁杰的儿子手持鸣冤状，恳求武则天彻查此事。于是，武则天亲自调查了狄仁杰谋反的案件，一查之下，发现此案的确属于冤案。武则天下令释放狄仁杰，将他贬为彭泽令。就这样，狄仁杰机智地逃过了一劫。

姚崇像。姚崇是狄仁杰举荐的众多德才兼备的好官之一，他对"开元盛世"贡献巨大

四年之后，狄仁杰重新做回了宰相，这时的狄仁杰已经六十七岁了，这时的他虽然仍旧不遗余力地为这个国家操劳着，但是，他已经感到力不从心了。于是，狄仁杰开始寻找和培养年轻人才，狄仁杰先后举荐了张柬之、桓彦范、敬晖、窦怀贞、姚崇等数十位忠贞廉洁、精明干练的官员，这些官员在后来均有所建树。其中，张柬之成为了继狄仁杰之后的下一任宰相。

圣历元年（698年），武则天的侄儿武承嗣、武三思数次使人游说武则天，希望能立武家子孙为太子，正当武则天犹豫不决的时候，狄仁杰上奏武则天说："您立自己的儿子为太子，则您百年之后，还可以在太庙享受供奉，可是假如您立自己的侄子为太子，您百年之后该往哪儿去？臣还从来没听说过侄子做了天子，而姑妈可以被太庙供奉。请您三思而后行。"最终，武则天听从了狄仁杰的意见，亲自迎接庐陵王李显回宫，将其立为太子，使唐祚得以维系。

在狄仁杰后期担任宰相的几年里，武则天对他非常信任，常常以"国老"相称。久视元年（700年），狄仁杰病故，顿时朝野震动，武则天哭着说："国老去世之后，朝堂就空了。"为表彰狄仁杰的功绩，武则天封他为文昌右相，谥文惠。唐中宗继位之后，加封狄仁杰为司空。后来唐睿宗又封

狄仁杰为梁国公，所以后来有很多人把狄仁杰尊称为狄梁公。

作为一名杰出的政治家，狄仁杰不论担任什么职位，每任一职，都政绩显赫，在成为宰相之后，狄仁杰更是匡正弊政，心系民生。狄仁杰上承贞观之治，下启开元盛世，为国家富强作出了巨大的贡献，是推动唐朝走向繁荣的大功臣。

功过突出的一代帝王唐玄宗

李隆基（685年—762年），即历史上著名的唐玄宗，亦称唐明皇，是唐睿宗李旦的第三子。唐玄宗在位前期励精图治，开创了唐朝乃至中国历史上最为鼎盛的时期，史称"开元盛世"。但是在盛世之后，唐玄宗逐渐变得骄奢淫逸，放松了对国家的监管，最终酿成安史之乱，使得曾经强盛无比的唐朝由此走向了衰落。所以说，唐玄宗是一位功过都很突出的皇帝。

李隆基出生的时候，他的父亲李旦刚刚当了一年的皇帝，这时的李唐王朝已经风雨飘摇，很快就被武周天下取代了，生活在皇家的李隆基经历了无数的钩心斗角。由于是看着宫廷政变长大的，李隆基的性格变得异常坚韧，李隆基从小就有雄心壮志，对武氏诸人毫不畏惧。

后来，武则天让位于唐中宗李显，但是李显性格非常软弱，结果，慢慢地，朝政大权被韦皇后和安乐公主把持。武则天死后，这两个人更加肆无忌惮，他们先是驱逐了宰相张柬之，而后又杀死太子，甚至到最后，唐中宗李显也被她们母女合谋毒杀。

执掌大权的韦皇后气焰十分嚣张，她效仿武则天的做法，让自己的宗族掌握大权，以达到控制朝廷的目的。韦皇后的女儿安乐公主更是大肆卖官鬻爵，收敛钱财。渐渐地，刚刚经历过动荡的唐朝又被搞得乌烟瘴气，而尝到权力甜头的韦

唐玄宗李隆基像

清代李育所绘的《出浴图》，此图以杨贵妃出浴为题材，表现了杨贵妃娇美动人的体态

皇后想效仿自己的婆婆武则天，成为历史上第二位女皇。可是，没等她准备完毕，一个她从不放在心上的人彻底地破坏了她的女皇梦，这个人就是李隆基。

韦皇后一直未将李隆基放在眼里，而李隆基便因此获得了暗中发展自己实力的机会。在韦皇后自以为登基在望的时候，李隆基联合姑姑太平公主发动政变，迅速消灭了韦皇后一系。

政变结束之后，李隆基的父亲李旦即位为唐睿宗，李隆基也因功被立为太子。但是，唐睿宗是一个优柔寡断的人，对于另一位政变功臣太平公主总是持忍让态度，凡事都任由妹妹太平公主摆布。一再的忍让让太平公主的野心迅速膨胀起来，她自以为功劳巨大，便开始结党营私，妄图像自己的母亲一样成为女皇。这时，太平公主和太子李隆基的矛盾变得尖锐起来，太平公主深知李隆基能力出众，所以一心想除掉他。

太平公主四处造谣，说李隆基的坏话，妄图打垮李隆基。而李隆基也不甘示弱，他也以同样的方式还击太平公主。结果，两个人越闹越厉害。唐睿宗怕再这样下去，李唐江山又乱了，于是毅然决然地把帝位让给了儿子李隆基，只将军政大权掌握在自己手中。

李隆基即位为唐玄宗之后，和太平公主的矛盾更加尖锐了，他们都在积蓄力量，准备除掉对方。结果，还是李隆基抢占了先机，他亲自领兵将太平公主和其羽翼全部剪除，又将朝堂之上亲近太平公主的官员全部罢黜。剥夺了太平公主所有的权力之后，李隆基从父亲唐睿宗手中接过所有权力，将唐朝政权牢牢掌控在了自己的手里，自武则天当政以来一直动荡不安的宫廷政局终于稳定了下来。

唐玄宗即位后，将年号改为开元，意为开启新纪元，表明了自己励精图治、再创唐朝伟业的决心。

唐朝在经历了数次动荡之后，形势已经很不乐观了。唐玄宗虽然巩固了皇权，但是当时吏治十分混乱，腐败风气非常严重，朝堂迫切地需要注入新鲜血液。所以，唐玄宗开始选贤任能。在选贤方面，唐玄宗眼光非常独到，如著名的宰相姚崇、宋璟、张九龄等人都是这个时期被唐玄宗提拔上来

唐玄宗书法作品

的。姚崇办事果断，他因为向唐玄宗提出了"十事要说"（包括了勿贪边功、广开言路、奖励正直大臣、勿使皇族专权、勿使宦官专权等）而得到了玄宗的肯定，他提出的这些建议，唐玄宗基本上都采纳了。宋璟和张九龄等也都能力突出、为官公正，为整顿朝堂风气作出了突出贡献。

唐玄宗不仅擅长用人，还很重视刷新吏治，整顿官僚队伍。他采取了很多有效措施，这些措施主要有：第一，精简机构，裁减多余官员，把许多无用的官员一律裁撤，这样不但提高了效率，也节省了政府支出。第二，确立严格的考核制度，加强对地方官吏的管理。每年的十月，唐玄宗都派专门的按察使到各地巡查民情，一旦发现违法官吏，一律严惩不贷。第三，将谏官和史官参加宰相会议的制度重新恢复。这种制度原本是唐太宗时期设立的监督朝政的举措，后来在武则天时期被废除，唐玄宗认为这种制度能帮助朝廷很好地制定政策，使政令更加合理化，于是就重新恢复了。第四，重视县令等地方官员的任免。唐玄宗认为这些官员是国家治理的最前沿，总是在和老百姓直接打交道，代表了国家形象，所以一定要重视，决不能让一些无能之辈破坏朝廷的形象。所以，唐玄宗经常考核这些县令，如果优秀则提拔，低能则罢黜。唐玄宗选贤任能、知人善任的用人制度和对吏治的有效改革，是其后来能开创开元盛世的最主要原因之一。

唐玄宗不仅对内政进行了有效的治理，还对兵制进行了大规模的改革。由于均田制遭到破坏，府兵制失去了赖以生存的根本，唐朝的军队战斗力

宋末元初钱选所绘的《杨贵妃上马图》

大大减弱。这时的唐军根本无法和已经复兴的匈奴对抗，这让一心想重振"天可汗"威名的唐玄宗十分恼火。开元十一年（723年），唐玄宗接受了宰相张说的改革主张，建立雇佣兵制度，即募兵制。唐玄宗从关内招募军士十二万人充当卫士，这就是著名的"长征健儿"，这次改革是从府兵制到募兵制的转变。此后经过十多年的努力，玄宗将这种制度推广到了全国。原来的府兵轮番到边疆守卫的制度取消，改由专业的军队进行戍卫。这种制度既减轻了百姓的繁重兵役，也提高了军队的战斗力，为唐玄宗以后的征讨奠定了基础。

开元初期，由于赋税过重，农民纷纷逃亡，国家失去了经济来源，财政困难。为了解决这一问题，唐玄宗废除了许多杂税，减轻了农民的负担，并且在全国丈量田亩，把豪强地主抢占的土地分给无地的农民耕种，还在全国清查户口，将隐匿不报的人口登记入册，征收租调。这些措施不仅让流离失所的农民过上了安居乐业的生活，而且让政府的收入也增加了。除此之外，玄宗还从自身做起，积极提倡节俭，他下令将宫中的金银器玩一律销毁，以供军队所用。唐玄宗还要求宫中禁用珠玉、织锦，这也节省了一大笔费用。

早在唐玄宗即位之前，北方边境已是危机四伏。686年，契丹的李尽忠利用民族矛盾，反叛唐朝，攻占了营州地区。703年，安西地区的碎叶镇也被突厥攻占，致使丝绸之路最后断绝，严重影响了唐朝的声誉和外贸经济。在改革兵制之后，唐玄宗加紧训练军队，做好了准备之后，唐朝逐步把营州等地收复，长城以北的回纥等族也重新归附唐朝。唐朝恢复了安北都护府，重新行使对长城以北土地的管辖权，之后，唐玄宗又收复碎叶镇，重新恢复了丝绸之路。唐朝在西域的威望终于重新建立了起来。

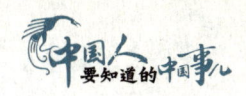

隋唐年间，佛教十分盛行，但是到了唐玄宗时期，佛教的发展已经严重影响了经济的发展。这时，全国的各个州基本都有佛教寺院，寺院兼并了无数土地，还不向国家缴税，许多百姓为了逃避税收，纷纷出家做了和尚尼姑，这使得国家承担赋税和徭役的人越来越少，影响了国家的正常秩序。于是，在开元二年（714年），唐玄宗下令削减全国的僧人和尼姑数量，最后使全国还俗的僧尼达到一万两千人之多。玄宗还下令禁止再造新的寺庙，禁止铸造佛像。这些措施使佛教的发展得到了有效的控制。

唐玄宗还十分重视文化事业的发展，他组织了一批著名学者到长安和洛阳的书院著书立说，整理典籍，还把当时杰出的天文学家张遂请到长安，让他主持修订了《大衍历》，并让他主持测量了地球子午线，这些举措对后世影响十分深远。

此外，唐玄宗还挑选了乐工、宫女数百人，组成戏班，号称皇帝梨园弟子，而唐玄宗本人至今仍被梨园弟子奉为祖师。在唐玄宗一系列文化举措的推动下，唐朝的文化越来越繁荣。

唐玄宗的一系列有效措施使唐朝的政治、经济、文化都得到了极大发展，并超越了贞观时期，开创了中国历史上繁荣强盛的"开元盛世"。

开创了盛世之后，唐玄宗便逐渐沉溺于享乐之中，再也没有了以前那种励精图治的精神。唐玄宗开始纵情声色，疏于朝政，从开元初期的任人唯贤转为宠信奸佞。宰相张九龄等人先后被罢官，取而代之的是诸如李林甫、杨国忠等小人，这使得政治变得越来越黑暗。范祖禹在《唐鉴》中说："天宝之乱，田夫野人皆能知之，而其君不得闻，岂不哀哉！夫壅蔽之祸，至白刃流矢交于前，六亲不能相信保，而始觉也，不亦晚乎！"由此可见，唐玄宗在后期阻塞忠言，只相信奸臣的逸言和蒙骗，这是唐朝走向衰落的前兆。

朝政的黑暗直接影响了国家经济，而唐玄宗却将大量的金钱用在了与杨贵妃的享乐上，造成了国库的亏空。除此之外，唐玄宗还放松了对军队的控制，许多节度使拥兵自重，而唐玄宗却竟然毫不知情。

755年，安禄山在范阳起兵，发动叛乱。唐朝政府毫无准备，安禄山大军一路如入无人之境，迅速渡过了黄河。战乱迅速席卷了整个国家，而唐玄

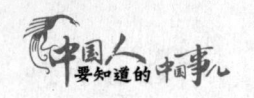

宗也仓皇逃出长安。在马嵬坡，唐玄宗被逼缢死杨贵妃，杨国忠也被愤怒的军士乱刀砍死。后唐玄宗黯然退位，太子李亨在灵州登基，即唐肃宗。最终，唐朝在回纥的帮助下，由郭子兴率兵平定了安史之乱，但是，唐朝却就此由盛转衰，进入了藩镇割据的时代。

　　唐玄宗在其统治前期选贤任能、励精图治，政治、经济、文化全面发展，出现了封建社会前所未有的"开元盛世"，国泰民安，人民丰衣足食，安居乐业，可谓是盛世中的盛世。但是也是一手缔造辉煌的唐玄宗，在后期沉湎于享乐，用人不当，造成了安史之乱，使人民饱受战乱之苦，使得唐朝的兴盛成为过眼云烟。长达八年之久的安史之乱葬送了唐玄宗的浪漫爱情，也葬送了他的政治生命，更葬送了大唐的赫赫国威。此后，唐朝虽然也出现过所谓的中兴，却再也无法比得上"开元盛世"了。

柳宗元被贬

自从安史之乱之后，曾经无比辉煌的盛世唐朝走向了没落，曾经安居乐业的百姓变得困苦不堪，曾经非常清明的官场变得乌烟瘴气。而在这个时期，很多被后世誉为文学大家的人走向了政坛，妄图通过自己的努力来挽救这个病入膏肓的王朝，柳宗元就是其中之一。

柳宗元（773年—819年），字子厚，世称"柳河东"、"柳柳州"，山西永济人，唐代文学家、哲学家、散文家和思想家，与韩愈共同倡导唐代古文运动，并称为"韩柳"，是著名的唐宋八大家之一。

在南北朝时期，柳氏是著名的门阀士族。在唐朝建立之后，柳氏家族与唐朝的创立者李氏家族联系非常密切，因此，柳家在朝为官的非常多。唐高宗时期，柳家仅在尚书省做官的人就多达二三十人，可以说，当时的柳家风光无限。但是，武则天统治时期，作为李家死忠的柳家遭到了严重打击，柳家自此衰落。到柳宗元出生时，柳家已经开始衰落。生于这样的大户人家，柳宗元除了学习诗词歌赋之外，也被无数次灌输着复兴柳家的观念，所以，柳宗元对追求功名有着强烈的渴望。

柳宗元像

柳宗元的母亲卢氏是柳宗元最好的启蒙老师。柳宗元四岁的时候，父亲去外地做官，柳宗元和母亲在京西庄园中居住。在这里，母亲教柳宗元阅读名著古籍、创作诗词歌赋，还教他做人的道理。在母亲的谆谆教诲下，柳宗元明白了，做官不只是能光宗耀祖，不光是

· 133 ·

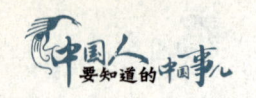

能出人头地,做官还可以造福百姓,造福天下。所以,柳宗元决心要做一个造福天下的好官。

柳宗元的幼年在长安度过,他亲眼目睹了百姓的凄惨,官僚的腐败,社会的动荡。唐德宗建中二年(781年),年仅九岁的柳宗元亲身经历了继安史之乱后又一次大规模的割据战争——建中之乱。为了躲避战祸,柳宗元随父亲到夏口避难,在前往夏口的路上,柳宗元看见了无数百姓生不如死的凄惨场景。此时,柳宗元便在心中暗暗发誓,一定要尽自己最大的努力去帮助这些可怜的百姓。

贞元九年(793年)春,二十岁的柳宗元考中进士,成功踏入仕途。这时的柳宗元意气风发,他认为,自己施展抱负的机会终于到了。在被任命为集贤殿书院正字之后,柳宗元得以博览群书,开阔眼界。也正是在这个时候,柳宗元开始接触朝臣官僚,了解官场情况,了解这个国家的政治。在集贤殿的第二年,柳宗元写下了《辩侵伐论》,在文中,柳宗元表明了自己渴望统一、拒绝分裂的强烈愿望。

803年,三十岁的柳宗元被任命为监察御史里行,负责监察官员的行为。在这个位置上,柳宗元看到了贪官污吏的丑恶行径,他的内心迸发出了强烈的改革愿望,于是,他加入了王叔文的革新派,成为了改革队伍中的一员。

王叔文、王伾的永贞革新是一场席卷全国的进步运动,在这场革新中,以王叔文、王伾、韩愈、柳宗元为核心的改革派和嚣张跋扈的宦官、割据势力展开了一次次的斗争,改革派狠狠地打击了顽固派,使得当时的朝廷上空刮起了一阵清新的改革风。但是,这场改革只进行了半年便失败了,而柳宗元也因为参与改革被贬。柳宗元先被贬为邵州(今湖南省邵阳市)刺史,可是,还没等他到达邵州时,他又被加贬为永州(今湖南省永州市)司马,加上这次同时被贬为司马的另外七人,构成了当时著名的"二王八司马事件"。

在被贬到永州之后,昔日的政敌并没有放过柳宗元,他们大肆抨击、欺压柳宗元。在永州的十年时间里,柳宗元过得非常艰难,他的身体健康也受到了很大的影响。但是,柳宗元始终没有像那些破坏革新的顽固派屈服,他始终坚持着自己的政治理想。在永州的十年里,由于政敌的压迫,柳宗元无法在政坛施展拳脚，于是他把精力转移到了思想文化领域，他著名的《封建论》就是在这个时期完成的。

《封建论》是柳宗元最著名的政治论文。在文章中，柳宗元针对分封制和郡县制两种体制进行了论述。柳宗元认为，整个社会是不断发展进步的，个人的意志是无法左右整个社会的意志的。分封制只是历史前期的一种产物，比起郡县制，分封制存在着许多弊端，所以，柳宗元对郡县制十分推崇。除此之外，柳宗元在《六逆论》、《晋问》等政论文中，也发表了自己的许多观点，比如他主张任人唯贤，反对世袭特权，他认为，哪怕是皇帝在用人上犯了错误，也应该及时纠正。

柳宗元书法作品

在文学方面，柳宗元也取得了辉煌的成就。他在诗歌、辞赋、散文、游记、寓言等方面都奉献良多。柳宗元一生留下了六百多篇诗文作品，其诗多抒写抑郁悲愤、思乡怀友之情，风格独特，自成一路。最为世人称道的，是那些情深意远、疏淡峻洁的山水闲适之作，比如《江雪》。

江雪

千山鸟飞绝，万径人踪灭。

孤舟蓑笠翁，独钓寒江雪。

柳宗元把自己的感情倾注在独钓的渔翁身上，使之成为孤高自得的精神化身。在柳宗元的典范之作永州八记（永州八记为《始得西山宴游记》、《钴鉧潭记》、《钴鉧潭西小丘记》、《至小丘西小石潭记》、《袁家渴记》、《石渠记》、《石涧记》、《小石城山记》）中，他借助这些美好景物来抒发自己内心的苦闷，来寄寓自己的遭遇和怨愤，他将自己追求的美好刻画在这些山水中，以精美的寓言来展示山水的美好，来展示自己愿望的美好。

　　在永州待了十年之后，柳宗元再一次回到了京城。但是一个月之后，他再一次遭到贬谪，这次他被贬到了柳州。在柳州，柳宗元专心治理政事，投身于柳州的发展当中。他下令释放奴婢，兴办学校，大力发展农业生产，对当时的柳州建设以及普及教育、宣传中原文化都作出了贡献，而这一时期被后人称为惠政时期。四年之后，柳宗元在柳州病逝，享年四十七岁。

赵匡胤黄袍加身

夜深了,一位在军帐中熟睡的将军突然被一阵喧闹的声音惊醒,是敌袭吗?好像不是,低头一看,咦,我的身上怎么披着一件龙袍?这种情景看起来是那么的虚幻,可是,这件事却真的发生了,这就是赵匡胤主演的大剧"陈桥兵变"。

赵匡胤(927年—976年),北宋王朝的建立者,涿州(位于今河北省保定市)人。北宋建立之前,赵匡胤担任禁军统领,手握兵权。后周显德六年(959年),周世宗柴荣突发疾病而死,宰相范质受顾命扶助柴荣幼子柴宗训继位为恭帝。而这时恭帝柴宗训年仅七岁,军权被赵匡胤牢牢掌握在手中,后周出现了"主少国疑"、"主弱仆强"的局面,乘着后周政局动荡,赵匡胤联合一些禁军将领开始策划军事政变。

第二年正月初一,赵匡胤突然向幼主柴宗训禀报,说是契丹和北汉听闻世宗逝世,乘机兴兵南下,镇州和定州已经发来告急文书,情况十分紧急。当时的执政大臣宰相范质非常惊慌,便急忙派赵匡胤率领大军前去抵御。两天之后,赵匡胤统率大军离开都城,夜宿在距开封不远的陈桥驿(今河南省封丘县东南陈桥镇),准备在此地发动兵变。这天晚上,军队中突然传出一些流言,说是"当今皇帝年幼,宰相把持朝政,经常抹杀我们这些军士的功劳,长此下去,不

宋太祖赵匡胤像

但我们没有功劳,恐怕国家也完了,不如拥立赵匡胤为皇帝,大家才能都有好日子过"。就这样,军士的兵变情绪被迅速煽动了起来,再加上赵匡胤的弟弟赵匡义(在赵匡胤即位为宋太祖后改名为赵光义)等亲信的帮助,兵变时机成熟。

这天夜里,赵匡义等人命人将事先准备好的龙袍披在假装醉酒刚醒的赵匡胤身上,并全部下跪高呼万岁。赵匡胤装出一副被逼无奈的样子说:"我深受世宗的器重,本想一生报效后周,可是你们却为了自己的荣华富贵,将我陷于这种境地。你们既然推举我做皇帝,那么你们必须都听从我的命令,否则,我是不会当这个苦主的。"于是,在赵匡胤亲信的带领下,士兵们一齐表示:惟赵匡胤之命是从。就这样,赵匡胤成功发动兵变,他当即宣布回师开封,他命令士兵回到开封之后不得惊犯小皇帝和太后,不得对王公大臣动粗,不得乘乱抢掠百姓,不得掠夺府库,违令者直接诛杀。

当赵匡胤率军来到开封城下时,和赵匡胤串通一气的禁军将领立即打开城门迎接赵匡胤进城。整个禁军队伍里,将领们要么参与了兵变,要么闻风而降,只有侍卫亲军马步军副都指挥使韩通在仓促间想率兵抵抗,但是他还没有召集起队伍,就被军校王彦升杀死了。赵匡胤兵不血刃就控制了后周的都城开封。时,宰相范质等人才知道,原来一个骗局,但是他们已经无可奈何,只好向赵匡胤投降。这时,翰林学士陶谷拿出一篇事先准备好的禅代诏书,宣布周恭帝退位。之后,赵匡胤宣布登皇帝位,轻易地夺取了后周政权,改封恭帝柴宗训为郑王。由于赵匡胤曾经在宋地担任过归德军节度使,所以他以宋为国号,建立宋朝(史称北宋),定都汴京(即后周都城开封)。这就是历史上著名的"陈桥兵变",也叫"黄袍加身"。

自隋唐以来,许多将领都掌握着很大的权力,宋太祖赵匡胤也是因为手握重兵才登上了皇帝的宝座,所以,他深切地意识到了权力分散的弊端。每当想起自己也有可能被手握大权的下属推翻时,他就再也无法安然入眠了。想想现在石守信等一批参与了兵变的将领都手握兵权,假如有一天,他们对我赵匡胤不满了,是不是也会让自己的部下上演一出"黄袍加身"?想到这些,赵匡胤决定先下手解决这些隐患。

有一天,赵匡胤在后花园设宴招待石守信等军队的实权将领。在宴会上,赵

匡胤故意表现出忧心忡忡的样子。手下将领看见赵匡胤这般模样，忙问他有何难处，赵匡胤叹了一口气说："这话实在是难以启齿，可是不说我实在是无法安睡。我这个皇帝是靠你们大家的鼎力相助而得来的，可是我发现做了皇帝却没有以前那么高枕无忧了，生怕别人会要我的性命啊！"将领们急忙劝慰赵匡胤："陛下不必担心，宫中防卫这么森严，不会有人能对陛下不利的。"赵匡胤反问道："这个世界上有谁不想成为高高在上的皇帝呢？"石守信等人一听，十分惊慌，纷纷表忠心说："如今天命已定，陛下大权在握，不会有人冒天下之大不韪的。""那可不一定！"赵匡胤说道，"就拿我来说吧，后周在世宗手中就已经十分强盛了，没有一点亡国的迹象，可是我仍然靠着你们夺取了后周政权，而现在同样的问题摆在了我的面前。我知道你们对我忠心耿耿，没有异心，然而倘若你们的部下渴望荣华富贵，给你们来一次黄袍加身，你们又应该如何处理呢，到时候，恐怕想不做皇帝也由不得你们了。"将领们一听，心中都明白是怎么回事了，于是他们纷纷离席拜伏在地，请求赵匡胤指点一条明路。赵匡胤这才表明了自己的真正目的，他说："人的一生，最重要的还是享受这世间的荣华富贵，我们这么辛苦打江山还不是为了自己能享受荣华富贵，自己的子孙后代能享受荣华富贵，既然这样，你们不如交出兵权，我会赐予你们无数财富，让你们和你们的后代能世世富贵，那岂不是更好，这样我也可以高枕无忧了，你们觉得呢？"石守信等人明白了赵匡胤的意思，纷纷表示会谨遵圣意，尽快交出兵权。

第二天，石守信等人都称病请辞。赵匡胤大喜，给了他们大量的赏赐，安排他们做了富家翁。就这样，赵匡胤几杯美酒，轻而易举地解决了将领专权的问题，此次"杯酒释兵权"也被传为千古美谈。

在解决了武将专权的问题之后，赵匡胤又开始加强中央集权。在古代，宰相是可以在朝堂上坐着的，赵匡胤当政时，宰相仍然是归降的范质。有一次，在退朝之后，赵匡胤叫住了范质，说是有事与他商量。当范质准备坐下时，却发现自己的椅子不见了，但是，他又不好张口向赵匡胤要椅子坐，而赵匡胤也装作不知道，范质只好站着和赵匡胤说话。实际上，椅子是赵匡胤

宋太宗赵光义像

偷偷派人撤掉的，因为他觉得宰相的权力太大了，于是便从撤座开始，慢慢地削弱宰相的权力。自此之后，一般情况下，朝堂上除了皇帝之外再也没有人能坐着了。除此之外，赵匡胤还收回了地方上的兵权、财权、司法权等，使得权力几乎全部集中在中央，集中在皇帝手中。

赵匡胤大力兴办儒学，增加科举录取名额，将宋朝变成了一个文治王朝。因为实行的是文治政策，所以比起以前的朝代，宋朝社会更加和谐公平，经济发展非常迅猛，文学、哲学、美术、科技、教育都取得了很大的发展。可是，重文轻武的结果是宋朝在抵御外族侵略时，军事力量略显不足，所以屡遭失败。

宋太祖赵匡胤重新恢复了华夏主要地区的统一，结束了安史之乱以来长达两百年的诸侯割据和军阀混战的局面。他采取了尊孔崇儒、完善科举、知人善任等重大举措，彻底扭转了唐末以来武夫专权的黑暗局面，使宋代的文化得到空前发展，后人都称"宋朝是文人的乐园"，而宋太祖赵匡胤也称得上是我国历史上最受推崇的一代文治之君。

清代黄慎所绘的《蹴鞠图》，此图写宋太祖与宋太宗、赵普以及大臣内侍玩蹴鞠的场面

北宋名臣寇准

寇准（961年—1023年），字平仲，华州下邽（今陕西省渭南市）人，北宋著名的政治家、诗人。寇准出身于书香门第，少年时期就高中进士，自此一路官运亨通，直至成为宰相。在寇准的宦海生涯中，他几起几落，屡经波折，但在那个党争剧烈的宋代，寇准一直为国为民，保持着清正廉明的作风，以善于劝谏皇帝著称，被宋太宗称为"宋朝的魏征"。寇准的政治活动横跨宋太宗、宋真宗两朝，在宋真宗时期，寇准力劝宋真宗与辽国战斗到底，反对纳银求和，最终逼迫辽国与宋朝签下"澶渊之盟"，为后世留下了千古佳话。

寇准出生后不久，父亲就去世了。随着父亲去世，寇家的生活变得十分艰难，但是寇准的母亲却十分重视寇准的学习。少年时候的寇准非常聪明好学，在母亲的教育下阅读了大量的书籍，这为他以后的仕途奠定了基础。

太平兴国五年（980年），十九岁的寇准考中进士，被任命为大理评事，这个年龄中进士的可以说是凤毛麟角。一年之后，寇准又被派往归州巴东任知县；二十二岁时，寇准升任成安知县，之后他又先后升任盐铁判官、尚书虞部郎中、枢密院、直学士等官。寇准一路青云直上，并不是因为他会奉承拍

寇准像

马,恰恰相反,他是那种刚正不阿的人,他依靠自己的智慧和对国家的忠诚才获得了这样的地位,用宋太宗的话来说就是"临事明敏"。

宋太宗年间,朝廷出现了两起受贿案。可是受贿案的处理结果却让很多官员百姓心中不服。两起受贿案中犯罪情节严重的王淮仅被撤职杖责,甚至不久之后就官复原职了,而犯罪情节较轻的祖吉却被处以死刑,而这完全是王淮的哥哥——参政王沔搞的鬼。

淳化二年(991年)春天,华夏大地上发生了一次大旱灾,宋太宗认为是上天在惩罚自己施政不当,于是召集群臣询问政策的得失。大多数臣子都说这次的天灾并不是老天的惩罚,而是天数所致。想到前段时间那两起受贿案的不公平判决,寇准决定借大旱之事向皇上申诉。他对宋太宗说:"今年的大旱完全是由朝廷律法不平造成的。"宋太宗闻言大惊,急忙问道:"朝廷的律法怎么不平了?"于是寇准把王淮和祖吉的两起案子详细地述说了一遍,并反问王沔:"罪责深重的人没受到什么惩罚,而罪责轻的人却被处以极刑,请问王大人,您觉得这种判决公平合理吗?上天是不是应该因此而愤怒呢?"听了寇准的述说,宋太宗心里已经很明白了,他当即对王沔进行了惩罚,并重新将他的弟弟王淮收押。经过此事,宋太宗对寇准更加赏识了,他任命寇准为左谏议大夫,枢密副使,后来又改为同知枢密院事,让寇准直接参与北宋朝廷的军国大事。

宋太祖赵匡胤去世之后,他的儿子德昭并没有继承皇位,而是其弟弟赵光义(即后来的宋太宗)继承了皇位,因此,一直以来,民间都有太宗杀兄夺位的说法。基于这种原因,宋太宗对立太子之事非常头疼,他不知道该立太祖的儿子还是自己的儿子。有一次,大臣冯拯上疏请立皇储,被太宗直接贬到了岭南。自此之后,大臣们再也不敢提立储的事情了。有一次,太宗召见寇准,寇准乘机对太宗说:"确立储君乃是国家大事,陛下您不应该一拖再拖,这样会造成国家动荡的。"太宗苦恼地说:"我也知道这个道理,可是,究竟是立我的儿子合适还是立兄长的儿子合适,我实在无法决定,毕竟我的皇位是从兄长手中接过来的。"寇准说:"为天下选择国君,您不应该考虑其他的个人因素,也不能与后宫之人商议,一切决定都应该以天下社稷为重,这样的话,您就没有太多的苦恼了。"太宗觉得寇准说得有道理,于

是考虑再三，最终将……声望品行最好的襄王封为皇太子。

宋朝建立以后，……中国开始了文治时代，宋朝统治者为……了巩固统治，把主要力量放在对内控制……上，而对于外敌，他们认为那只不过……是"肘腋之患"，而国家内部的动荡才……是真正的"心腹之患"。因此，宋朝主……要采取的是文治策略，朝廷为了防止内乱发生，对军事力量进行削弱，这就使得军队的战斗力变得越来越弱。这样一来，北宋政权的绝大部分力量都消耗在了对内控制上，而对于外部强敌契丹的抵抗力却很弱。

契丹是十世纪初至十二世纪初由契丹族耶律氏在我国北方建立的一个少数民族政权，后称辽。唐末五代，中原割据混战，契丹迅速发展。宋初时，辽国已经非常强大了，他们多次南下劫掠，对人民的生产和生活影响极大。宋太宗时期，宋朝曾经两次与辽交战，但是均大败而归，自此，宋朝对外敌的抵御仿佛失去了信心。至道三年（997年），宋太宗驾崩，太子赵恒继位，即宋真宗。契丹乘宋朝刚立新主，对辽宋边境的袭扰更加频繁。景德元年（1004年），辽军再一次对宋朝展开大规模侵袭。面对强敌，宰相毕世安束手无策，于是，他向宋真宗推荐寇准为相，说寇准能解决国家之难，于是，宋真宗任命寇准为集贤殿大学士，与毕世安同列宰相之位。

在辽国大军气势汹汹地向宋朝袭来时，多年的积弱使得大多数官员不思抗敌，都想向辽国供奉钱财了事。当辽国军队逼近汴京时，那些平时口若悬河的大臣们恐慌了，以参知政事王钦若和枢密院事陈尧叟为首的一些大臣竟然提出了向南迁都。寇准一听，当即大怒，他对宋真宗说："国家正处在危难之中，这些大臣不思抵抗，竟然想劝陛下迁都，实在是罪不可赦。国都乃是一个国家的根本之地，岂能说迁就迁，陛下应该御驾亲征，以壮我军声威，前线士兵如果看到陛下亲自前来，必定誓死报国，再加上辽国见到我朝抵抗的决心，士气也会受到一定影响，此消彼长之下，我大宋必胜。"宋真宗勉强同意，亲自来到澶州，与都指挥使高琼一起抗敌。

宋真宗赵恒像

士兵们见到宋真宗亲临前线，士气空前高涨，再加上寇准与高琼合理的用兵政策，宋军接连大胜。

数次交战之后，辽军粮草不济，再加上几次失利使得辽军的士气十分低迷。看到这种情况，辽国太后萧燕燕向宋朝提出了议和，企图在谈判桌上获得一些好处。寇准始终反对议和，主张乘势出兵，收复失地。但宋真宗本来就十分畏敌，抗敌决心很不坚定，一心想早日返回汴京，所以倾向于议和。妥协派因此气焰嚣张，合力攻击寇准拥兵自重，甚至说他图谋不轨。寇准在这帮人的毁谤下，被迫放弃了主战的主张。

宋朝表示，只要辽国退兵，宋朝可以每年给辽一些银、绢，但不答应领土要求。最终，两国按宋方的条件达成了协议，剩下的问题就是每年给辽银、绢的数量。宋朝的议和使节曹利用被派去商谈给辽银、绢的数量前，他请示了宋真宗，宋真宗说："必不得已，一百万也可。"曹利用刚从宋真宗的行宫出来，就被一直守候在门外的寇准叫住，寇准叮咛他说："虽然有圣上的旨意，但是你去交涉时，答应所给银、绢不得超过三十万。否则，你就提头来见我！"最终，宋与辽签订"澶渊之盟"，盟约中规定：宋与辽结为兄弟之国，双方以白河沟为界就此罢兵，宋朝每年向辽提供十万两银子、二十万匹绢，双方在边境展开贸易往来。

澶渊之盟后，宋辽边境干戈平息，贸易繁荣，人民生活安定。从积极抗敌到澶渊之盟，寇准功冠朝臣，朝野上下有目共睹，宋真宗对寇准也更加敬重。寇准的功高名重招来了妥协派官僚的嫉恨，其中曾被寇准斥为"罪可斩首"的妥协派首领王钦若对寇准更是恨之入骨，一直在寻找机会陷害寇准。

有一次，退朝之后，王钦若对宋真宗说："陛下敬重寇准，是因为他对国家有功吗？"宋真宗说："是！"王钦若说："我想不到陛下竟会这样看寇准。澶渊之役，陛下不以为耻，反而说寇准有功。"宋真宗不知何故，让王钦若解释话中的意思，王钦若说："《春秋》一书把城下之盟当做一种耻辱。澶渊之盟实际上是城下之盟，陛下不以为耻吗？陛下听说过赌博吧，那些赌徒在钱快要输完时，就尽其所有押了上去，输赢在此一着，这就叫'孤注一掷'。陛下在澶州时不过是寇准的'孤注'罢了，真是危险啊！"听了王钦若的这番话后，宋真宗对寇准的态度开始冷淡起来。后来，王钦若一伙

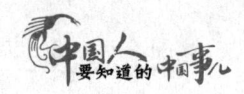

连续攻击寇准，景德三年二月（1006年），寇准被免去宰相职务，到陕州去做知州。

寇准离开东京后，朝中大权落入了王钦若、丁谓一伙人手中。而宋真宗晚年因病常年卧床不起，越发迷信和糊涂，对王钦若与丁谓几乎言听计从。

天禧三年（1019年），丁谓主动邀请寇准回朝再当宰相，丁谓此举并非重新做人的彻悟之举，而是别有用心。当时，无论从资历还是声望上，丁谓都不够当宰相的资格，所以他以参知政事的名义请寇准回朝为相，是想借寇准的资历和声望为自己的权势服务。寇准的一个门生十分恳切地对寇准说："称病不去为上策，而再入中书当宰相为下策。"但是性格耿直的寇准不听劝阻，一心想再为朝廷效力，于是赴京上任。寇准再任宰相之后，丁谓起初一心想把寇准拉为同党，但寇准不但不领情，反而十分反感丁谓的举动，而且真实地表现出了厌恶之情。丁谓大怒，后来找机会诬告寇准参与密谋，想置寇准于死地。后来，寇准虽没被判死刑，但却再次被免去宰相职务，后被逐出京城。而寇准遭贬一事，据说宋真宗一直被蒙在鼓里。

寇准再次罢相后，丁谓当了宰相。丁谓为了将寇准置于死地，把他一贬再贬。乾兴元年（1022年），寇准被放逐到边远的雷州（今广东省雷州市）去当司户参军，到雷州后，寇准的生活过得十分艰难，再加上当地气候恶劣，寇准的身体很快就垮了。第二年秋天，寇准在忧郁中病逝。

王安石与熙宁变法

北宋中叶以后,宋朝的官僚机构变得越来越臃肿,宋真宗景德年间(1004年—1007年),内外官已达一万多人,宋仁宗皇祐年间(1049年—1053年)达两万多人,"十倍于国初"(《司马文正公传家集》卷七八),官府的办事效率变得越来越低,导致冗官、冗费激增。同时,为了防范军阀割据、农民起义,抵御北方民族南侵,宋代不断扩充军队数量,造成冗兵、冗费问题。与此同时,土地兼并严重,百姓生活贫苦,这种积贫积弱的局面引起了严重的社会危机,革新除弊逐渐成为朝野共识。在这种情况下,宋神宗启用了一位名叫王安石的官员对这个国家进行改造,在历史上,王安石对国家的改造被称为"熙宁变法",又称"王安石变法"。

王安石(1021年—1086年),字介甫,号半山,北宋抚州临川人(今江西省抚州市临川区),是中国历史上杰出的政治家、文学家、思想家、改革家,唐宋八大家之一。

从小,王安石便跟随做官的父亲四处奔波。父亲在官场上混得不太如意,总是被调往不同的地方任职。在跟随父亲奔波的过程中,年幼的王安石虽然吃了很多苦,但是这些经历却极大地开阔了他的眼界,让他接触到了寻常百姓的生活,更清楚地了解到了这个国家的问题。

王安石像

庆历二年（1042年），王安石参加科举考试，并高中进士榜第四名。之后，他在地方为官多年，期间曾担任多个职务。在地方任职的时候，王安石对百姓的疾苦有了更深入的了解，这也使他萌生了强烈的改革愿望。因此，每到一个地方，王安石就在当地试验自己的想法，结果，他的很多措施都给了地方百姓很大的帮助，对国家的安定也有助益。看见自己的试验产生了效果，王安石更加坚定地相信，国家的未来必须依靠改革。

嘉祐三年（1058年），王安石向宋仁宗奏呈了万言书，在万言书中，王安石对宋朝积贫积弱的局面做了分析，他认为造成这种局面的原因是宋初时订立的法度有问题，而想要扭转这种局面，就必须对宋初以来的法度进行全盘的改革，只有这样，才能扭转宋朝积贫积弱的局面。王安石的奏折虽然切中要害，得到了很多人的赞扬，但是，宋仁宗魄力不够，他对于王安石所提议的改革没有很强的决心，所以便将王安石的建议给搁置了。

宋神宗即位之后，对王安石的变法提议表现出了极大的兴趣，他经常召见王安石，向他询问改革思想。在经过多次交谈之后，宋神宗对于变法的信心也变得越来越坚定。于是，在熙宁二年（1069年），宋神宗任命王安石为参知政事，大力推行改革，主持变法。

在变法中，王安石指出，我们之所以变法，是因为我们国家积贫积弱的局面，因此，变法的目的只有一个，那就是富国强兵。王安石将变法内容分为三大块，即摆脱民贫局面的富国之法，摆脱兵弱局面的强兵之法以及针对吏治改革的取士之法。

熙宁变法的富国措施主要包括青苗法、免役法、农田水利法、方田均税法、市易法和均输法。

"青苗法"是一个地方实践后推向全国的措施，起源于陕西转运使李参。熙宁二年（1069年）九月青苗法颁布，规定以各路常平、广惠仓所积存的钱谷为本，其存粮遇粮价贵，即较市价降低出售，遇价贱，即

唐宋八大家之一的欧阳修

较市价提高收购。政府在青黄不接之时向农民提供低息贷款或者粮食，农民有收成后，随夏、秋两税，加息十分之二或十分之三归还谷物或现钱。青苗法限制了高利贷对农民的剥削，一定程度上缓和了阶级矛盾，增加了政府收入。但是青苗法存在争议，有人认为青苗法强制借贷，利息过高，实质是政府放高利贷。

"免役法"又称"募役法"，是熙宁三年（1070年）十二月，由司农寺拟定，开封府界先试行的，同年十月颁布全国实施。免役法废除了原来按户等轮流服役的办法，由政府收免役钱雇人服役，官员、地主也要交钱。原来不用负担差役的女户、寺观，也要缴纳半数的役钱，称为"助役钱"。免役法保证了农民的劳动时间，保障了农业的发展，也增加了政府财政收入。但是此法引起了地主官员的强烈不满，同时农民依然负担很重。

"农田水利法"鼓励各地垦荒和兴修水利，用工的材料由当地居民照每户等高下分派。只要是靠民力不能兴修的，其不足部分可向政府贷款。水利工程修建保障了灌溉，耕地面积增加，促进了农业生产的发展，政府税收增加。

熙宁四年（1071年）八月，司农寺制定《方田均税条约》，"方田"是按土地肥瘠将土地分为五等，"均税"是以"方田"丈量的结果为依据，按土地的多少、好坏收税。方田均税法清出豪强地主隐瞒的土地，一定程度上抑制了土地兼并，也减轻了农民负担，增加了政府收入，但是"方田均税法"严重损害了大官僚大地主的利益，遭到了他们强烈反对，王安石因此和大官僚大地主产生了尖锐的矛盾。

富国措施还包括"市易法"和"均输法"，"市易法"设市易物，收滞销货，短缺时卖出，以稳定市场，这种措施打破了大商人对市场的垄断，也增加了政府的财政收入。"均输法"简单概括就是"徙贵就贱，用近易远"，是说政府采购物资实行就近采购、节省货款的原则，这是政府调节物资供需关系、平抑物价以打击大商人的政策。

熙宁变法的强兵措施主要通过"省兵"和"强兵"两方面来实现。熙宁变法规定，士兵五十岁后必须退役。而且主张测试士兵，禁军不合格者改为厢军，厢军不合格者改为民籍。为了增强军队的战斗力，节省军费开支，熙宁变法颁行了"保甲法"、"保马法"、"将兵法"等。"保甲法"规定，

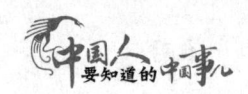

各地农村住户，每十家组成一保，五保为一大保，十大保为一都保。凡家有两丁以上的，出一人为保丁。这些保丁在农闲时进行军训；夜间轮差巡查，维持治安。这些保丁与正规军相参为用，节省了国家的大量军费，稳定了封建秩序。"保马法"是指官马由农户保养，这样又可以减少一部分政府开支。将兵法又叫"置将法"，此法将各路的驻军分为若干单位，每单位置将与副将一人，专门负责操练军队，以提高军队素质，提升军队战斗力。

王安石认为，要保证变法的顺利进行，就必须选拔人才和改革官制，关键是改革科举制度。王安石希望以学校的平日考核来取代科举考试，选拔真正的人才。王安石认为，"欲一道德则修学校，欲修学校则贡举法不可不变"，所以熙宁变法改革了贡举法，废明经、存进士，进士殿试罢诗、赋、论三题，改试时务策，另外，熙宁变法设立了"明法科"，考察律令和断案。此外，熙宁变法颁行了"三舍法"，即把太学分为外舍、内舍、上舍三等，"上等以官，中等免礼部试，下等免解"。这些措施发展了教育，使得有真才实学的新进之士取代了反对改革的旧官。

熙宁变法使得北宋积贫积弱的局面得以缓解，极大地增加了政府的财政收入。熙宁六年（1073年），在王安石的指挥下，宋熙河路经略安抚使王韶率军进攻吐蕃，收复河（今甘肃临夏）、岷（今甘肃岷县）等五州，建立起了进攻西夏地区的有利战线。

但是，熙宁变法以加强中央集权的方式去发展经济，虽然在短期内加强了国家的经济实力，但是在长期看来却严重损害了人民利益，尤其是下等贫困农户的利益。而且熙宁变法触动了大地主大官僚阶级的利益，遭到了他们的强烈反对，司马光曾经多次上书皇帝取消新法。

1085年，宋神宗去世，宋哲宗即位，新法逐渐被废除，变法派相继被排挤出朝廷，熙宁变法失败。

变法失败之后，心灰意冷的王安石退居江宁，将精力放在了文学创作上。王安石的文学作品体现了两种风格，一种是退居江宁以前的，一种是退居江宁以后的，两种风格体现了王安石在不同时期的心态。

在退居江宁以前，王安石的写作风格和杜甫非常相似，具有明显的写实精神。在当时，他的诗文中总是透露着对百姓疾苦的关心和对政治局势的关注。所以，他创作了大量的政治诗，在诗中，他紧扣时弊，提出了许多尖锐

的问题，反映了很多社会现实，同时，他还将自己渴望匡俗济时的思想也写到了其中，比如像在《感事》、《河北民》、《收盐》等诗文中，王安石表现出了他关心民众疾苦的高尚情操和渴望改革的思想。

而在变法失败，退居江宁之后，王安石的诗风发生了极大的变化。因为受到变法失败的打击，他对于政治的热情已经逐渐消退，开始寄情于山水来缓解自己压抑苦闷的心情。所以，在这一时期，王安石创作了许多优美的诗歌。在这些诗歌中，王安石形成了属于自己的独特风格和艺术感染力，而后世将这种风格体裁称为"王荆公体"。

很多人终其一生都没能在某一领域取得成就，而王安石却在政治和文学领域均取得了辉煌的成就，他的诗文，使他名列唐宋八大家之一，让他在文学领域成就斐然，而熙宁变法虽然最后遭遇了失败，但对于当时而言，王安石的改革的进步性和对北宋经济发展产生的积极意义，还是值得后人敬仰的。

抗金英雄岳飞

作为中国南宋的抗金名将,岳飞是当之无愧的民族英雄,他精忠报国的精神鼓舞着中华儿女。当时,岳飞麾下的军队被百姓们称为"岳家军"。"撼山易,撼岳家军难"是对岳家军的崇高赞美,也是对岳飞这位岳家军统帅最大的肯定。

岳飞(1103年—1142年),字鹏举,中国历史上著名的战略家、军事家、抗金名将,相州汤阴(今河南省安阳市汤阴县)永和乡孝悌里人。岳飞自小便渴望成为一名驰骋沙场的军人,所以他一直勤学苦练,他不但弓马娴熟,还饱读兵书。而岳飞的母亲也是一位非常伟大的母亲,她一直教育岳飞要做一个忠于国家的人,为了让岳飞记住这一点,她在岳飞背上刺下了"精忠报国"四个字,让岳飞时刻牢记自己的信念。

十二世纪初期,北方的金逐渐强大起来,他们一次次地侵略北宋,于是,黄河流域成了金与宋的主战场,而宋朝国内掀起了反金热潮。在这种形势下,立志精忠报国的岳飞毅然决然地选择了参军。

参军之初,岳飞并没有很快脱颖而出,而是表现得很平凡。直到有一次,岳飞率领自己手下的一百多名士兵在黄河南岸勘察敌情,突然,河对岸出现了大批的金兵,这时,岳飞和其队伍只要

岳飞像

逃跑，就必定会被金兵发现。正当士兵们手足无措的时候，岳飞对他们说："兄弟们，金兵离我们实在太近了，我们只要逃跑，他们就一定会追击我们的，到时候，我们就会被他们消灭。现在，金兵不知道我们的具体人数，等他们渡河的时候，我们可以打他们个措手不及。"于是，岳飞和他手下的士兵悄悄地在对岸埋伏，等到金兵渡河渡到一半时，岳飞突然率众杀出，打了金兵一个措手不及。毫无防备的金兵顿时阵脚大乱，岳飞乘势斩杀了金兵的首领，成功地击溃了数量远远大于自己的金兵。

这次战斗让岳飞名声大振，也正是从这时起，岳飞在军中崭露头角，得到了著名将领宗泽的赏识。在宗泽的手下，岳飞的军事素质迅速提高，成长为一名优秀的青年将领。这时的岳飞意气风发，他认为，只要军队保持高昂的斗志，便可以一鼓作气将金兵赶出去。于是，岳飞怀着满腔的热情给刚刚即位的宋高宗写了一封奏章。在奏章中，岳飞恳请宋高宗能亲临前线指挥战斗，以鼓舞士气。可是，宋高宗不但没有采纳岳飞的建议，反而革除了他的军职，这让满腔热血的岳飞备受打击。

但是，岳飞并没有因此消沉下去，他重新从小兵做起，又一步一步地爬了上来。宗泽死后，岳飞被派到东京（今河南省开封市）留守杜充的手下。可是这个杜充是一个胆小鬼，当金兵大举进攻时，他竟然放弃了抵抗，选择了向金兵投降。当杜充的手下都心灰意冷，准备放弃抗金时，岳飞鼓励士兵们说："我们抗击金兵并不是为了一个杜充，我们抗金是为了保卫我们的国家，保护我们的百姓，难道杜充投降了，我们就放弃了吗？我希望大家能跟我一起留在这里，继续为保家卫国而战斗。"就这样，岳飞收拢了一批人马，继续着抗金事业。等到三十二岁时，岳飞已经成为了和韩世忠、刘光世、张俊等齐名的一代名将了。

绍兴九年（1139年），以宰相为首的秦桧准备和金军议和，岳飞在鄂州（位于今湖北省东南部）听说此消息后急忙上疏宋高宗，他在奏折中说："金狼子野心，议和的事情绝不可信，现在金兵议和，必定是准备重整旗鼓，准备来年再犯。"除此之外，岳飞还在奏折中抨击了以秦桧为首的投降派卖国求荣的投降行径，并强烈要求宋高宗处置秦桧等人。遗憾的是，宋高宗并没有采纳岳飞的建议，而是选择了议和，而岳飞也因为这封奏折和秦桧结下了梁子。

绍兴十年（1140年），金国撕毁和议，悍然向南宋发动了猛攻，由于没有防备，宋军措手不及，很快便丧失了大片领土。随后，大宋高宗命韩世忠、张俊、岳飞等人率军迎击。在岳飞等名将的指挥下，宋军很快便稳住局势，并在东、西两线取得胜利，收复了失地。这时的岳飞信心满满地认为自己收复中原的梦想很快就要实现了。

宋高宗赵构像

当岳飞率领岳家军杀进中原后，他们受到了饱受金兵摧残的中原百姓的热烈欢迎。这一年七月，岳飞率领一支轻骑与金兀术的一万五千精锐在河南郾城相遇，双方发生了激烈的碰撞。在战斗中，岳飞身先士卒，向敌军发起了一次又一次猛攻，大破金军"铁浮图"和"拐子马"，把金兀术最自豪的队伍打得落花流水。郾城大捷后，岳家军气势如虹，他们乘胜向朱仙镇进军，再次将金兀术的十万大军击溃，杀得金兵闻风丧胆。面对岳家军，金兵只能哀叹"撼山易，撼岳家军难"。岳飞一口气收复了颍昌、蔡州、陈州、郑州、河南府、汝州等十余座州郡，基本上将金兵侵占的中原土地重新纳入南宋的版图。自此之后，宋金之战发生了根本性的逆转。这时的岳飞斗志满满，他相信，用不了多长时间，这片大好河山将重归大宋的怀抱。岳飞曾在大帐中兴奋地对手下的将领说："等到我们直捣黄龙，彻底消灭了这些豺狼之后，我一定要和诸位大醉一场。"

可是，就在岳飞准备扩大胜利果实的时候，朝廷却连下十二道金牌，命令岳飞班师回朝，面对如此大好局面，手下的将士们都劝岳飞不要理会朝廷的命令，毕竟这种局面来之不易。可是，岳飞想得比他们深远，他知道，如果自己不遵旨，那么他手下的这十万将士就会被视为反贼，到时候，朝廷必定会派兵剿灭自己这支岳家军。为了能够保存抗金力量，岳飞只好无奈地下令撤兵。发出班师回朝的命令之后，岳飞愤慨地说："我们十年的心血就这样毁于一旦了，刚刚收复的失地一转眼又落入了敌手。这样的作为，这个国家如何能够富强,江山如何能够保住。"

岳家军班师回朝时,看着那些中原百姓拦道恸哭的场景,岳飞心如刀割,他知道,只要岳家军一走,这些百姓又将陷入水深火热之中。于是,岳飞故意扬言将在明日渡河,与金军决一死战,岳飞的话吓得金兀术连夜弃城北窜,而岳飞则乘着这段时间将大批的百姓向南转移,在班师回京前又为中原百姓做了一件好事。直到岳家军撤离之后好久,金兀术才小心翼翼地回到中原,重新占领了这些土地。而岳家军以生命收复的土地就这样被金兀术不费吹灰之力重新获得。

岳飞一回到临安,就立即被秦桧等人以"谋反"的罪名抓进了监狱。在狱中,这位抗金英雄受尽了折磨。秦桧等人妄图将岳飞屈打成招,却始终没有得逞。当岳飞在监狱中受刑的同时,宋金和谈再一次开始了。在和谈中,曾经被岳飞打得如丧家之犬一般的金兀术变得无比嚣张,他说:"想要和谈,就必须杀死岳飞,否则,我们是绝对不会和你们和谈的。"于是,秦桧等人以"莫须有"的罪名将岳飞杀害于风波亭,这一年,岳飞只有三十九岁。

岳飞虽然被杀害了,但是精神没有人可以磨灭。他的事迹、他的精神一直激励着子孙后辈!他的功绩没有人可以抹杀,他的

改天换地的完颜阿骨打

当我们历数改变历史的英雄人物时，大金国的开国皇帝完颜阿骨打不能被遗忘。在女真族的历史上，完颜阿骨打（1068年—1123年）是一位传奇人物，他率领着女真这个弱小的渔猎民族，走出白山黑水，在不到十年的时间内先后消灭了辽河和北宋这两个庞大的国家，建立金朝，将女真族推向辉煌。

早期女真族是由几十个闲散部落组成的，完颜部落就是这几十个部落之一。在这众多部落中，完颜部落并不突出，直到乌古乃成为完颜部落的酋长后，完颜部落才开始发展壮大，逐渐成为女真族强大的部落之一。后来，女真族征服和联合十几个部族组成女真部落联盟，而乌古乃则担任了第一任部落联盟长，并被宗主国辽授予节度使称号。在辽的支持下，乌古乃开始整合女真各部。乌古乃死后，他的后几任部落联盟长进一步巩固了联盟部落，慢慢地，几乎所有的女真部落都加入了这个联盟。在不断地发展过程中，曾经还处在原始社会的女真族逐渐产生了阶级分化，开始向奴隶制转变，奴隶制国家的雏形逐渐形成。

自从辽天祚帝即位以后，他对女真族的政策变得更加苛刻，而契丹贵族对于女真各部落的压榨勒索也越来越重。女真族的特产，如人参、貂皮、名马、北珠、俊鹰、蜜蜡等物品大部分被契丹贵族掠

金太祖完颜阿骨打像

金代画家张瑀所绘的《文姬归汉图》(局部)

夺。在契丹人心目中，女真人就像是奴隶一样，契丹人明目张胆地对女真族进行欺压，这样的行为，让女真族人民的内心充满了仇恨。

1113年，完颜劾里钵的儿子完颜阿骨打继任联盟长。完颜阿骨打成为联盟长之后，他继承父亲的遗愿，继续为完成女真统一而努力，直到他将女真部落联盟完全巩固之后，他开始考虑率领女真族反抗辽的欺压。

1114年，辽天祚帝派使臣授予完颜阿骨打节度使的称号。于是，完颜阿骨打假借谢恩之名，派出自己的心腹习古乃等去辽国探听虚实。习古乃带来的消息让完颜阿骨打无比振奋，原来，辽天祚帝统治下的辽国已经变得极端腐败，曾经无比强大的辽国如今的战斗力已经大大削弱。于是，完颜阿骨打开始修建城堡，铸造兵器，时刻准备着入侵辽国。

在宁江州，辽天祚帝只派遣了萧挞不野率领契丹、渤海士兵八百人驻守，于是完颜阿骨打决定将反辽的第一炮打向这里。1114年秋，完颜阿骨打集结了各部落士兵共计两千五百人，向宁江州进军。出征之前，完颜阿骨打率领兵士祭告天地，举行誓师大会，在誓师大会上，完颜阿骨打说："士兵们，我们女真人曾经备受契丹贵族的欺压，他们就像邪恶的魔鬼一样，不断欺压我们。告诉我，你们愤怒吗？你们仇恨吗？"这些话激起了女真士兵心中的怒火，他们高声怒吼："报仇！报仇！报仇！"为了继续鼓舞士气，完颜阿骨打又说："这次战斗，我们一定要尽心尽力，只要在战斗中立下战功，奴婢可以升为平民，平民可以做官。而原先有官职的，则按照功劳大小晋升。如果有谁在战斗中推诿不前，战斗结束后，不但他自己将受到严惩，他的家属也不能赦免。"

第二天，在完颜阿骨打的率领下，女真军气势如虹，向辽军发起了进攻，他们迅速击溃辽军，就连辽将耶律谢十也被杀死。之后，女真军乘势攻占了宁江城，成功打响了抗辽的第一炮。最终，完颜阿骨打带着大量马匹和财物，胜利回师。

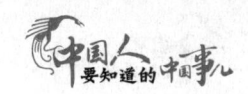

听到自己一直看不起的女真人竟然敢攻击自己的国家，辽天祚帝大为光火。同年十一月，辽朝都统萧嗣先、副都统萧兀纳率领大军进攻女真部落。面对来势汹汹的辽军，完颜阿骨打没有胆怯，他率领女真士兵三千七百人迎敌。在辽兵准备渡河的时候，女真军突然杀出，并乘势渡河登岸，在出河店（今黑龙江省大庆市肇源县西南部的茂兴湖湖畔）与辽军相遇。在战斗中，完颜阿骨打率领的女真军再一次击败辽军，这场战役就是历史上有名的"出河店之战"。这次战役胜利后，完颜阿骨打不光俘获大批车马及兵甲、武器，还把俘虏的辽兵收编入女真军，使女真队伍发展到一万人。出河店之战是一场关键的战役，这场战役起到了决定性的作用。从此，女真军真正脱离了辽国的统治，开始露出了锋利的獠牙。

出河店之战后，女真军乘胜分路进兵。一举将宾州、咸州等广阔地区纳入了女真的版图。而随着女真军的节节胜利，完颜阿骨打的地位也变得不可动摇，女真部落联盟日益强大。

随着女真族对外战争的不断胜利，女真族的奴隶制度也走到了尽头，封建制度已经呼之欲出，女真族建国的时机也成熟了，于是撒改、辞不失等人向完颜阿骨打提出建国的建议。听完臣下的建议，完颜阿骨打下决心建国，他说："契丹建国以'辽'为号，而'辽'是镔铁的意思，但是镔铁也有腐朽的时候，就像辽国一样。我决定，我们的国家要以'金'为号，只有金子才是永远不会腐朽的。"

1115年，完颜阿骨打登上皇帝宝座，建立大金，立年号收国，完颜阿骨打成为了金国的第一任皇帝。为了维护这个以部落联盟为基础的国家，完颜阿骨打并没有像其他王朝一样设立太子，而是继续保持了原来的推举制度。其实，完颜阿骨打这么做只是为了保持这个新兴国家的稳定，此时完颜阿骨打的家族已经牢牢地掌握着大权，就算是推举下一任皇帝，也一定是在他的家族中产生的。

刚刚建立金国的金太祖完颜阿骨打并没有放慢自己扩张的脚步，1115年正月，完颜阿骨打向辽国的黄龙府进攻。并于当年九月成功攻占了黄龙府城。黄龙府作为辽国北边重镇，有着十分重要的战略意义。辽天祚帝在得知黄龙府失守之后，急忙统领契丹、汉军十多万人，大举伐金。可是，腐朽的辽国已经无法阻挡金这个新兴国家前进的脚步了。完颜阿骨打以两万人马

辽代的《东丹王出行图》(局部)

击溃了十多万辽军，同时也击溃了辽国最后的希望。此战之后，辽国彻底没落，偌大的国家已经到了崩溃的边缘。

之后，辽天祚帝派人向完颜阿骨打求和，但是完颜阿骨打丝毫不为所动，他对臣下说："辽人在我们士气高昂、节节胜利的时候想求和，我们怎么能答应呢？我们现在要做的就是再次向他们发动猛攻，直到消灭他们。"于是，金国坚决地拒绝辽国的求和，并与宋朝约定夹攻辽国。1117年至1123年间，完颜阿骨打率军先后攻占辽国的上京、中京、燕京，彻底将辽国变为了历史。

1123年，金太祖完颜阿骨打在返回上京的路上病逝。对于女真族而言，完颜阿骨打就像是天神一样，是他率领被压迫的女真人民成功推翻了辽国的压迫，是他让女真族有了属于自己的国家，是他让女真族改天换地，走进了一个新的时期。

一代天骄成吉思汗

欧洲人称其为"世界之鞭",他的鞭子一扬,改变了世界的秩序,人类的世界观因他而升华。这个影响力深远的人究竟是谁呢?他就是几乎将亚洲全部联合起来,开辟了洲际的通道,便利了中国和波斯的沟通,为世界新秩序作出卓越贡献的蒙古帝国可汗——成吉思汗。哈伯斯杂志说:"起于灾难而终于卓越,除了耶稣,恐怕再难有人与成吉思汗匹敌。"

成吉思汗名为孛儿只斤·铁木真(1162年—1227年),他的汗号"成吉思汗"的意思是"拥有海洋四方的大酋长",后来的事实证明,铁木真也确实担得起这个汗号的深意。

铁木真的父亲是蒙古族乞颜部军事首领孛儿只斤·也速该(1134年—1179年),非常骁勇善战。1161年,二十七岁的也速该在斡难河畔打猎的时候,发现了途经蒙古部驻地的诃额仑夫人,并对她一见倾心。蒙古族自来有"抢亲"的传统,于是,血气方刚的也速该在几位兄弟的帮助下,将诃额仑夫人抢了过来,而这位诃额仑夫人就是铁木真的母亲。诃额仑夫人成为也速该夫人的第二年,她就为也速该生下了他的第一个儿子,此时正赶上也速该在一次与塔塔尔部落的战争中俘虏了塔塔尔部的首领铁木真兀格。为了庆祝战争的胜利,也速该给自己刚出生的儿

元太祖成吉思汗像

子取名"铁木真"。

铁木真九岁时,也速该带着他去弘吉剌部提亲。按照蒙古族的习俗,定亲以后,铁木真这个女婿要在岳父家住上一年,估计是为了让年少的女儿和女婿熟悉彼此。于是,也速该告别了亲家特薛禅和儿子铁木真后,自己带着侍从独自回家了。

也速该回家的路要穿过塔塔尔部落,塔塔尔人在路上设了宴会。也速该本来可以绕过这个宴会,但是按照蒙古人的习惯,如果你见到别人家的宴会而不参加,就跟强盗没什么两样。于是,也速该就参加了塔塔尔人的宴会。没想到,原塔塔尔部落首领铁木真兀格的儿子扎邻木合在也速该的马奶酒里下了毒。中毒后的也速该回到家中便立即差人到弘吉剌部召回铁木真,临死之前,也速该嘱咐跪在榻前哭泣的小铁木真,他说:"你一定要为父亲报仇,将来要消灭塔塔尔部落,只要高于车轮的男人都要一律杀掉。"说完便撒手西去。

也速该死后,乞颜部落就散了,铁木真一家一下从天堂跌到了地狱,铁木真从部落首领的儿子变成了平民百姓。变成了平民的铁木真并没有消沉下去,他扛起了这个家庭的重担,除了照顾家人之外,铁木真还苦练本领,希望有朝一日能够重建乞颜部落,为父亲报仇。

经过不断努力,铁木真终于在父亲的安答脱斡领勒的帮助下重新站了起来,并迅速将分散的乞颜部落统一,将毒死父亲的塔塔尔部落屠杀一空。1184年前后,蒙古草原上召开部落联盟大会,此时的乞颜部落首领铁木真被推举为可汗,铁木真的实力变得空前强大。势力强大的乞颜部落引起了许多首领的恐慌,他们担心乞颜部落的铁骑迟早会踏进自己的帐篷。1190年,札答兰部首领札木合借口部人劫掠铁木真马群被射杀,联合十三个部落共三万人对乞颜部落发动了袭击,铁木真将自己所属的三万人分为十三翼

成吉思汗的第三子——蒙古帝国可汗孛儿只斤·窝阔台

（营）迎战，双方大战于答阑巴勒主惕，铁木真因为准备不足而在此战中失利，铁木真率领残部退避于上源狭地（今鄂嫩河），这就是著名的"十三翼之战"。这场战役是铁木真一生中唯一一次战败，铁木真虽然在此战中失利，但因为札木合在此战中将俘虏分七十大锅煮杀，引起了各部的不满，所以各部纷纷归心于铁木真，铁木真的实力得以恢复和壮大。经过短暂休整，铁木真卷土重来，迅速击败从札答兰部为首的部落联盟，并乘势统一了整个蒙古草原。

统一草原之后，铁木真建立蒙古汗国，称成吉思汗。强大的军队是铁木真最大的资本。所以，建国后，铁木真做的第一件事就是改革军政。铁木真大封功臣、宗室，创立了军政合一的千户制度，将忠于自己的将领封为千户、万户，把权力牢牢地掌握在自己手中。这种制度有着层层的隶属关系，指挥灵活，便于统治，为以后蒙古铁骑扫平天下奠定了基础。千户制的建立，标志着部落和氏族制的最终瓦解。这是一种军事、政治、经济三位一体的制度，是蒙古汗国统治体制中最重要的一环。这实质上是铁木真用弯刀消灭了草原上原有的统治阶层，又重新培植了一个新的统治阶层，这是一个以铁木真所在的黄金家族为主，各级功臣为辅的新的奴隶主阶层。

辽阔的草原并没有满足铁木真的雄心，这时的他将手中的弯刀对准了草原边上的西夏。经过二十余年与西夏的战争，铁木真的铁骑终于征服了西夏。

迫使西夏屈服，等于剪除了金国的一翼，也除掉了攻金的牵制力量，成吉思汗六年（1211年），铁木真亲率大军南下，拉开征金战争的序幕。正当蒙古铁骑将金打得节节败退时，发生了一件事：花剌子模的海儿汗杀死了蒙古汗国的四百九十九名和平商人，抢夺了他们的财物，花剌子模国王摩诃末又杀死了铁木真派去交涉的使者。铁木真闻言大怒，决定进行西征，消灭花剌子模。于是，铁木真遣使逼和金朝，亲率大军开向了西方，对花剌子模采取了"扫清边界，中间突破"的战略。铁木真的目的在于避实击虚，从中间取得突破，切断花剌子模新都与旧都之间的联系，在战争中取得优势，使其首尾不能相顾。

在蒙古商队出事的地方——讹答剌城，铁木真下达了屠城的命令。讹答剌城被攻破后，全城军民被蒙古铁骑屠杀一空，只留下战争的导火索——海儿汗，为了给被杀的商队报仇，铁木真将融化了的银液灌在海儿汗的眼睛里，以这种残酷的方法杀死了他。

攻下讹答剌城后，铁木真并没有就此罢休，他又以摩诃末国王纵容手下抢劫商队并杀死自己的使者为由，继续向花剌子模发动攻击。当时的花剌子模非常强大，他们的国王摩诃末被称为世界的征服者，中东地区的许多国家和相邻的欧洲的一些地区经常受到他们的侵略，因此对花剌子模都十分惧怕，就连当时很强盛的斡罗思国（今俄罗斯）也常常被他们袭击。在西亚地区的强大影响力让摩诃末变得不可一世，他觉得世界上能配得上做他摩诃末对手的没多少人，更别说是名不见经传的铁木真和蒙古人了。所以，当摩诃末听说自己的舅舅海儿汗抢夺了蒙古商队时，他心里虽然不怎么赞成，但却选择了包庇自己的舅舅。摩诃末认为，所谓的蒙古骑兵只不过是一群野蛮人，骑着矮小的、如同绵羊一般的马，怎么能和强大的花剌子模抗衡呢？可是当他亲眼见到蒙古骑兵的威力之后，他才知道什么是天外有天，什么叫真正的铁血骑兵。

第一次交锋，摩诃末的军队就被打得溃不成军，这让他方寸大乱，在之后和铁木真的蒙古铁骑的交战过程中，摩诃末又做出了许多错误的决策。在蒙古大军不断逼近的时候，已经被吓破胆的摩诃末拒绝了集中优势兵力与蒙古人决一死战的建议，而是选择了分兵把守各处隘口，企图借助坚城阻挡蒙古军队。但是，事与愿违，铁木真乘机集中兵力将各处隘口一处一处攻破，缓缓地逼近了花剌子模的都城。当见到蒙古大军兵临城下时，摩诃末选择了弃城逃跑，除了第一次与蒙古骑兵的交锋，摩诃末就再也没有组织过像样的抵抗。这次战争，名义上是铁木真为蒙古商人和使者报仇，其实，这是一场侵略战争，是铁木真为了扩充疆域，掠夺人口物资，推进蒙古族发展而发动的战争。

在回军途中，铁木真乘机灭亡了西夏。正当铁木真准备全力灭金时，他突然患上了重病，后病逝于清水县（位于今甘肃省东南部）。令人遗憾的是，这样一个盖世英雄，倒下得这么早，好在他的子孙后代继承了他的事业，建立了后来疆域空前广阔的元王朝。

才华横溢的耶律楚材

曾经的成吉思汗及其子孙用弯刀征服了一个又一个民族，开创了疆域空前辽阔的蒙元王朝。可是，他们的弯刀并不是万能的。在蒙古人进入中原之后，草原文化和中原文化发生了激烈的碰撞。虽然蒙古人的弯刀所向无敌，但是，当时的蒙古文明比起经历了几千年的中原文明还差了很多。所以，元朝的统治者要想管理好这个庞大的国家，接受其他文明，尤其是中原的农耕文明就显得尤为重要了。于是，他们开始向农耕文明靠拢。而在蒙古贵族转变观念的过程中，一个名叫耶律楚材的契丹人起到了至关重要的作用。

耶律楚材（1190年—1244年），蒙古帝国的重要大臣，字晋卿，号玉泉老人，出身于契丹贵族家庭，是辽太祖耶律阿保机的九世孙。由于曾经的辽国非常重视汉族文化，所以，耶律楚材从小便学习汉族文化。结果年纪轻轻，耶律楚材便成了一个汉族通，而且"博及群书，旁历、术数及释老医卜之说，下笔为文，若宿构著"。1215年，成吉思汗率领蒙古大军攻占燕京的时候，便听说耶律楚材才华横溢、满腹经纶，于是便将耶律楚材召到自己帐下，向他询问治国之道。而耶律楚材也因为见到大金的腐朽统治而对自己的国家失去了信心，于是，他决定投身蒙古人麾下，做出一番事业。

耶律楚材像

契丹族画家胡瓖所绘的《卓歇图》,胡瓖活动于公元十世纪,此图描绘的是契丹族的生活场景

　　成吉思汗给了才华横溢的耶律楚材充分的信任。当时的蒙古军队每征服一个地方,就必定会烧杀抢掠,如果遭遇抵抗,他们便会在战争结束后屠城。跟随成吉思汗之后,耶律楚材对蒙古军队的做法非常不认同,他劝告成吉思汗说:"统治一个国家并不能单单依靠武力,像屠城这样的高压政策只会让更多的人仇视蒙古,只会让更多的人反抗蒙古族的统治。如果不能改变这种状况,则蒙古族的辉煌只会是昙花一现。"成吉思汗接受了耶律楚材的建议。在蒙古大军后期的征伐中,屠城的现象大大减少了。元太宗窝阔台即位之后,耶律楚材也在不断地提醒他不要屠城,要采取怀柔的统治政策。正是因为耶律楚材的劝阻和建议,许多文明,尤其是中原农耕文明才得以保存,中原的千万老百姓也因此被保全。所以说,耶律楚材对于中华文明传承的贡献是不可估量的。

　　蒙古国刚刚建立的时候,采用的是军政合一的制度,即整个国家只有统帅军队的武官,而没有处理政事的文官。所以,那时的蒙古军队每占领一个地方,要么只在那里驻扎一支军队,要么便将那里弃之不顾。为了改变这种原始而又落后的统治方式,耶律楚材向当时的蒙古大汗窝阔台提出了改革建议,他对窝阔台说:"现在这样的统治方式会给整个国家造成巨

大的混乱，在我们的疆域越来越大的时候，相应的政策也必须发生改变，只有拥有相适应的制度，国家才能长治久安。"听完耶律楚材的话，窝阔台深感有理，于是他根据耶律楚材的建议，设立了中书省，并任命耶律楚材为中书令，负责改革。

耶律楚材被委以重任之后，便开始废寝忘食地投入到了改革当中。之后，耶律楚材在窝阔台的支持下，出台了一系列改革措施，这些措施涉及政治、军事、经济、教育各个方面，使得蒙古帝国的秩序得到了很大的改善。

蒙古人生性豪放，因此他们在生活礼仪方面非常随意。针对这种情况，耶律楚材根据中原王朝的礼仪，为元太宗窝阔台策划了登基仪式，并劝说窝阔台的哥哥带头向窝阔台行参拜大礼。这种礼仪的制定，确立了大汗至高无上的地位，增强了大汗的威严，也大大增强了蒙古帝国的中央集权。

蒙古族是一个游牧民族，他们以游牧文明为主。在占领中原之后，游牧文明和农耕文明发生了激烈碰撞。鉴于这种情况，耶律楚材颁布法令，保护农耕文明，并号召蒙古贵族接受这种先进的文明。除此之外，针对中原地区遭受战争破坏、生产凋敝、百姓困苦不安的情况，耶律楚材制定了轻徭薄赋、发展生产的政策，使得饱受创伤的中原大地得到了恢复的机会。

耶律楚材还对蒙古族军民一体的制度进行了变革。他主张军民分治，在地方专门设立州县，管理民政；设置万户所，负责军政；课税所负责征收赋税。这样一来，军权、政权、财权就不会集中在一个人手中。这就成功地巩固了蒙古的统治基础，加速了蒙古统一全国、建立中央集权政治的步伐。

在教育方面，耶律楚材大力倡导儒学，推崇孔子之道，建立国子学、恢复科举制度。这些措施不仅加快了民族融合的速度，还为元朝招揽了大批人才。据说，1238年的第一次开科取士，元朝就录取了四千多人，而这些人，为忽必烈时期蒙元帝国的发展贡献巨大。

耶律楚材不光在政治上的光芒十分耀眼，他在文学上的造诣也令人叹为观止。他酷爱诗歌，曾经写了不少诗作，大部分都收录在《湛然居士文集》里。

耶律楚材曾跟随成吉思汗和窝阔台远征四方，见识了边疆的风土人情、山川景物，在耶律楚材的诗中，他生动真实地描绘了奇瑰壮丽的西域风光。耶律楚材的西域诗有五十余首，其中，《西域河中十咏》尤为人称道。

　　西域河中十咏（其一）
　　寂寞河中府，连甍及万家。
　　葡萄亲酿酒，把榄看开花。
　　饱啖鸡舌肉，分餐马首瓜。
　　人生惟口腹，何碍过流沙。

耶律楚材的这些诗篇，不但文辞优美，还有很高的文学价值。而且这些诗篇中描绘的风土人情也是后人研究西域历史的重要参考资料。耶律楚材尤其擅写律诗，他的律诗中主要以七律为主，他的律诗韵律、语言流畅，风骨雄健，境界开阔，情调苍凉。如《和移剌继先韵》。

　　和移剌继先韵
　　旧山盟约已愆期，一梦十年尽觉非。
　　瀚海路难人去少，天山雪重雁飞稀。

渐惊白发宁辞老，未济苍生曷敢归。

去国迟迟情几许，倚楼空望白云飞。

这些作品都显示了耶律楚材高超的文学水平。即使耶律楚材不能成为一名出色的政治家，他也可以在文坛留下美名。

耶律楚材在成吉思汗、窝阔台汗两朝任事近三十年，为蒙古国的发展壮大立下了汗马功劳。但是，后来脱列哥那摄政后，耶律楚材因屡次弹劾皇后的宠信奥都剌合蛮而渐渐被排挤。1244年的5月14日，这位蒙元时期著名的政治家、文学家悲愤而死。当耶律楚材去世的消息传出之后，许多蒙古人如同丧失至亲一般悲痛，而汉族士大夫们也纷纷对这位良师益友进行了悼念。

耶律楚材在蒙古国向元朝过渡的创业中功不可没。但遗憾的是，在他有生之年，他的许多建议和构想都受到了贵族和包买商人的阻挠和破坏，没能实现。但是回溯历史可以看到，耶律楚材的作为起到了承上启下的作用。在后来忽必烈的建朝大业中，蒙古的汉化之路基本上沿袭并发扬光大了耶律楚材的理念。元朝灭亡之后，那些退回蒙古草原的贵族们在建立新政权时仍然遵循了汉制中的若干原则，由此可见耶律楚材的深远影响力。

开拓疆域、建元一统的忽必烈

成吉思汗率领蒙古铁骑征服了一个又一个国家和地区,为蒙古族带来了无数的辉煌和荣耀,但是,他却没能见证蒙古族最为辉煌的时刻。真正见证了蒙古族辉煌的是他的孙子——元世祖忽必烈。孛儿只斤·忽必烈(1215年—1294年)在成吉思汗等先辈的基础上,建立了中国有史以来疆域最辽阔的王朝,创造了蒙古族最辉煌的时期。

忽必烈出生的时候,正是蒙古族发展的黄金时代,蒙古族在成吉思汗的领导下逐渐走上了强大。忽必烈是听着祖父的一个个英雄事迹和蒙古大军的一次次大捷长大的。深受祖父影响的忽必烈自小便渴望着成为祖父那样的人。所以,忽必烈从小就勤学苦练,等到他成年的时候,他已经是年轻一辈中最出色的人之一。

元宪宗元年(1251年),忽必烈受命总领漠南汉地军国庶事。在这之前,忽必烈就有着做一番大事业的志向,所以,对于拥有几千年文明史的汉文化,忽必烈尤为重视。在领地内,忽必烈大规模任用汉族官员,采取汉族固有的统治模式对漠南汉地进行管辖。除此之外,忽必烈还召集了一大批儒生充当他的幕僚,为他出谋划策。与此同时,忽必烈还虚心向这些人学习儒家文化,了解汉族的思想和治国之道。在那些儒生的帮助下,忽必烈很快便在辖地内建立起了稳定的统治秩序。

元宪宗二年(1252年)六月,

元世祖孛儿只斤·忽必烈像

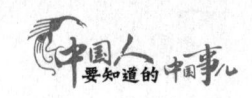

当时的蒙古大汗蒙哥命忽必烈率领大军出征云南。在对大理的作战中，忽必烈发挥了其卓越的军事才能，漂亮地完成了任务。在战争中，越来越多的人投到了忽必烈的帐下，忽必烈的势力变得越来越强大。

忽必烈的势力日益强大，这对蒙哥的统治形成了威胁，这种情况让蒙哥寝食难安，于是，蒙哥开始注意削弱忽必烈的势力。1257年，蒙哥命阿蓝答儿等人前往忽必烈的辖地进行调查。在调查过程中，那些忽必烈麾下的官员不论有没有犯过错，都会被安上罪名，或罢免或下狱，而那些不属于忽必烈势力范围的官员，虽然有很多问题，却依旧安然无恙。看见这种情况，忽必烈明白了蒙哥此次调查的真实目的。于是，忽必烈亲自去朝见蒙哥，表示了自己的忠心。蒙哥看到忽必烈的态度如此诚恳，便相信忽必烈是没有造反之心的，随后便放弃了继续削弱忽必烈，忽必烈也因此保留了一定的实力，这股实力在他争夺蒙古汗位的时候发挥了关键作用。

蒙哥汗去世之后，蒙古帝国大汗的位置空缺。蒙哥汗有三个弟弟：忽必烈、旭烈兀和阿里不哥。旭烈兀自1256年成为波斯汗后，便远离蒙古高原，也没有要求继承大汗位。剩下的汗位竞争者只有忽必烈和阿里不哥。当时，阿里不哥在蒙古地区的势力无人能及。如果按照祖制召开大会推举大汗的话，忽必烈基本没有成功的希望。于是忽必烈积极发展自己的势力，并争取了旭烈兀和一部分宗王的支持，最终成功夺得汗位。

自成吉思汗开始，蒙古帝国的都城一直设在和林（今蒙古国中部鄂尔浑河上游哈尔和林）。忽必烈即位后，他认为不能再延续蒙古原来以游牧经济为主的统治制度了，而是要依靠中原的农业作为立国之本，而此时，有一些思想很开明的大臣建议他迁都燕京（即今北京）。1263年，忽必烈正式定开平（位于今河北省唐山市）为上都；1264年，忽必烈又定燕京为中都；1271年，忽必烈废除蒙古国号，取《易经》中"大哉乾元"的意思，改国号为大元，他即位为元世祖。1272年，元世祖忽必烈改燕京为大都，正式迁都于此。1273年，大都宫殿建成。次年正月元旦，忽必烈在正殿接受朝贺，燕京第一次正式成为全国的政治、经济、文化中心。自此以后，明、清两代，北京（即燕京）一直是国家的首都。

1273年，元世祖下诏讨伐南宋，在讨伐战争中，宋军节节败退，直到

1279年，南宋最后的据点厓山失陷，南宋灭亡。除了灭亡南宋，进占江南，元世祖还征伐边疆地区，将西藏、云南、新疆、东北、台湾等地都收归中央政府管辖。

早在1252年，忽必烈就灭掉了吐蕃的地方政权。1253年，忽必烈召见萨班的侄子八思巴，将其拉拢了过来。后来，忽必烈尊八思巴为国师，授予其玉印，并封他为大宝法王，任命他为西藏的政治领袖，开始了西藏政教合一的统治。为了加强中央政府对西藏的控制，忽必烈在中央设立了宣政院，管理西藏的地区行政事务和全国的佛教事务。从此以后，西藏的政治一直很稳定。

同时，忽必烈消灭了大理地方政权，并在云南设立行省及路、府、州、县，使得地处偏远西南的云南重新回到了中央政府的管辖之下。此外，元朝还在新疆、东北等地设立行省制度，将这些偏远之地都控制在中央政府的管辖之下。

经过多年经营，元世祖忽必烈终于建立了一个统一的多民族大元帝国。面对这个庞大的帝国和其纷繁复杂的情况，元世祖深深地明白，要想实现元朝的长治久安，必须改革统治方式，创建新的制度。

元世祖登基后的一个月内，他马上成立了中书省，由中书省主要负责处理大多数的政务。接着，元世祖又建立了枢密院，由枢密院负责军事事务。1268年，最后一个主要机构御史台也成立了，御史台主要负责监察官员并向忽必烈报告汉地官员的情况。忽必烈整合并简化了行政管理系统，废除了自唐朝起就设立的门下省、尚书省，还将六部也并入中书省，由中书省全权负责行政事务，这样行政管理工作就进行得更加顺畅了。

元世祖忽必烈的统治体现了"蒙汉二元性"。忽必烈即位后，提倡"文治"，采用"汉法"，同时又多方维持蒙古传统，形成了中原传统政体和漠北旧俗共存的行政体制。为了实行"文治"，元世祖倡导尊孔崇儒，因为儒学是"汉法"的思想基础。元世祖采取了若干尊孔和提高儒学地位的措施，例如在各地建立宣圣庙、恢复或新建各级地方官学、建立中央国子学、整顿和推行儒户制等。忽必烈统治时期，设置了若干与文化有关的机构。在中央设有翰林国史院、国子监和国子学、蒙古国子监和蒙古国子学、秘书监、兴

文署等。在地方各级地方官学、官和各级蒙古子种宗教的地方机设置表明忽必烈重要性。但是不朝的尊孔崇儒具性，科举制度一就是一个例证。

有儒学提举司和蒙古提举学校学，以及管理各构。这些机构的认识到了文化的能忽视的是，元有一定的局限直未能全面实施

忽必烈的父亲——监国孛儿只斤·拖雷

忽必烈统治时期的宫廷礼仪制度也体现了"蒙汉二元性"的特点。元朝皇帝有蒙汉两种庙号。例如忽必烈的蒙古语庙号为"薛禅汗"，汉语庙号为"世祖"。元朝共有八位皇帝有双重庙号。中原传统的汉文化和特点鲜明的蒙古文化构成了元代文化的基本格局。在元代文化体制中，农耕文化和游牧文化并存，既行汉法，又存蒙古法，蒙古语言文字是法定的官方文字，汉语文字等多民族的文字仍然通用。

忽必烈的宗教政策也很独特，他不相信任何宗教是绝对的真理，认为各种宗教都可以成为行政工具，因此他对佛教、道教、景教都加以提倡，还在中央设置专门机构进行管理。但是，忽必烈晚年时，他改变了对所有宗教一视同仁的态度，开始推崇藏传佛教。

蒙古帝国是依靠军事征伐建立起来的，忽必烈虽然不像他的父兄一样，以征讨为业，但是他也多次发动对外战争，例如忽必烈两次率兵大举进攻日本，两次入侵越南，但是都以失败告终。

虽然元世祖忽必烈极具创新意识，对于中原的农耕文明也极为推崇，但是，他毕竟是蒙古贵族利益的代表，因此，他的变革有很多不彻底的地方，例如他虽然打击了宗王的势力，但是没有彻底废除分封采邑制度，还增加了许多宗王的食邑。

忽必烈在晚年遭遇了一连串打击。1281年，忽必烈最钟爱的妻子察必去世。五年之后，他亲自选定的皇位继承人，也是他最喜爱的儿子真金英年早逝。或许是这些悲剧的刺激，元世祖开始酗酒，并暴饮暴食，他的体重因此迅速增加，同时忽必烈还被因酗酒而引起的疾病折磨得痛苦不堪。晚年时

期的忽必烈思想渐趋保守，甚至顽固僵化，在用人方面也有了一些失误，例如，他任用阿合马、卢世荣等人为他敛财，这些人巧取豪夺，弄得百姓苦不堪言。

1294年，元世祖忽必烈病死。虽然忽必烈的晚年有些统治上的失误，但是他仍然是封建社会统治者中的佼佼者。

放牛皇帝朱元璋

每一个封建开国帝王身上，总是笼罩着一层神秘的色彩，像汉高祖刘邦的赤帝斩白蛇，像宋太祖赵匡胤出生时天生彩霞，香气满屋等，朱元璋（1328年—1398年）也是一样。据说，朱元璋的母亲刚怀孕时，曾经在梦中梦到一个神仙，那个神仙给了她一粒金光闪闪的仙丹，于是她就将仙丹吃了下去。等到朱元璋出生的时候，正值夜晚，一时间红光满屋，红光从屋中射出，将他们家周围都照亮了，邻居们还以为是他们家着火了，急忙奔走相救，结果到后来才发现是虚惊一场。

这些传说其实大多是帝王们为了增加自己的神秘感和登临帝位的必然性而杜撰的传说。实际情况是，当时的朱家非常贫穷，小朱元璋经常生病，身体非常瘦弱。好几次生病，朱元璋都差点丢了性命。朱元璋的父母知道，把孩子留在家里养很可能长不大就夭折了。为了使朱元璋能够活下去，他的父母将他送进了附近的皇觉寺，并让朱元璋拜寺里的老和尚高彬为师。

那年，由于当时的赋役沉重，朱元璋的父亲选择了搬家，而朱元璋也离开了寺庙，和父亲一起迁到了太平乡。在这里，他们一家都在地主刘德手下干活，朱元璋的父母为地主刘德种地，而朱元璋则

明太祖朱元璋像

帮刘德家放牛。

在当放牛娃期间,朱元璋结识了徐达、汤和、周德兴等人,并迅速和他们打成一片,而这些人在日后成为了朱元璋取得江山的柱石。地主刘德是一个黑心肠的人,给他当放牛娃,不仅经常挨打挨骂,而且还吃不饱肚子。有一天,朱元璋、徐达等人一起去放牛,到了下午的时候,大家都饿得前胸贴后背。这时候,徐达说:"谁要是能帮我们填饱肚子,那我们就一辈子认他做老大,怎么样?"伙伴们都纷纷举手赞成,朱元璋笑着说道:"这有什么难的,我请大家吃牛肉。"于是,大家一起杀了一头小牛犊,填饱了肚子。吃是吃美了,可这怎么向地主交代呢?刚刚成为老大的朱元璋把这件事扛在了自己身上。

朱元璋装做很着急的样子跑回去告诉刘德,一头小牛钻到山洞里找不到了。刘德一看朱元璋圆鼓鼓的肚皮,心里就明白是怎么一回事了,他将朱元璋吊起来毒打了一顿之后,将他领到朱父朱母面前问罪,最后,小牛的债务落到了朱元璋父亲的身上。虽然这是一件小孩子做的蠢事,但是,朱元璋敢于出头的行为赢得了这些小伙伴们的信任。

1343年,一场巨大的瘟疫席卷而来,太平乡也是一个重灾区。当时,朱元璋每天都能听到周围人家的哭喊声,这时候,他暗暗地庆幸:"幸亏灾难没有降临到我家。"可是,几天之后,灾难降临了。朱元璋的父母、大哥先后被瘟疫夺去了生命,转眼间,朱元璋和二哥变成了孤儿。在走投无路时,朱元璋想起了幼年时曾经栖身的皇觉寺,于是就去投奔了高彬和尚,在寺里剃度为僧,做了小行童。

可是,朱元璋做行童不久,寺里的粮食不够了,施舍也变得越来越少,于是,主持高彬法师只好罢粥散僧,打发和尚们云游化缘。于是,朱元璋开始了四处流浪的生活。这时,他还不满十八岁。

在这段流浪时光里,朱元璋从濠州到了合肥之后又去了汝州、陈州等地,足迹遍布小半个中国。1347年,朱元璋又回到了皇觉寺。三年的流浪经历让朱元璋开阔了眼界,积累了社会经验,但是,这三年他也受尽了贵族的欺辱。这些生活经历铸就了朱元璋坚毅、果敢的性格,对他影响很深。

朱元璋在外云游的三年,农民起义风起云涌,曾经受尽苦楚的朱元璋十分渴望加入他们,于是便在皇觉寺里勤学苦练,准备干出一番事业来。

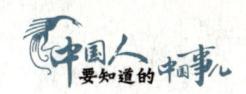

在农民起义的浪潮越来越高涨的时候,朱元璋放下了手中的钵盂,去投奔了郭子兴的红巾军。入伍之后,朱元璋作战勇敢、机智灵活,再加上他是队伍中少有的识字之人,所以他很快便得到了郭子兴的赏识。能得到朱元璋这样的人才,郭子兴十分高兴,他将朱元璋视为心腹,重要的事情总是会和朱元璋商量,而受到领导器重的朱元璋地位不断上升。为了留住朱元璋这样的人才,郭子兴将自己的干女儿马氏(即后来的孝慈高皇后)嫁给了朱元璋,从此之后,朱元璋在红巾军中的地位变得非常稳固。

由于红巾军内部的矛盾十分尖锐,所以朱元璋决心依靠自己的力量开创新局面。1355年,朱元璋回乡募兵,少年时的伙伴徐达、周德兴、郭英等人听说朱元璋做了红巾军的头目,纷纷前来投效。在这里,朱元璋拉起了一支七百多人的队伍,之后,他决定进军定远。途中,朱元璋又先后招募了近五千人马,壮大了自己的力量。统率着这支队伍,朱元璋向东进发,乘夜攻破定远横涧山的元军营地,收编元军中的汉族军士近两万人,从此,朱元璋一跃成为了起义军中的一颗新星。

郭子兴去世之后,朱元璋成为了郭子兴一系的领头人,他根据朱升的建议,采取了"高筑墙、广积粮、缓称王"的策略。"高筑墙"是指加强军事防备,巩固后方;"广积粮"是指发展经济生产,储备粮食,增强经济实力;"缓称王"则是指不要过早称帝,以免成为众矢之的。这三条建议极具战略眼光,是朱元璋夺取天下的思想基础。

1356年,张士诚在长三角地区进攻元军。乘此机会,朱元璋亲自统率大军,向集庆(今江苏省南京市)发起了猛攻。十天之后,集庆被攻破,朱元璋安抚百姓,改集庆为应天府,作为自己的大本营。

之后,朱元璋以应天为中心,慢慢向周围渗透。与此同时,朱元璋还兴修水利,开垦农田,暗暗地

孝慈高皇后
马氏像

壮大着自己的势力。1357年冬，金坛、丹阳、江阴、常州、常熟、扬州等地先后被朱元璋控制，在夺取天下的过程中，朱元璋已经逐渐抢占了先机。

在壮大力量的同时，朱元璋还积极争取民心，网罗人才，他专门修建了礼贤馆来吸纳人才。而这些人才，有很多在朱元璋统一天下和治理天下的过程中发挥了重要作用。

这时候，天下的形势已经逐渐明朗了，朱元璋、陈友谅、张士诚是最有希望夺取天下的人。其中，张士诚是一个胸无大志，只想列土封疆的人。而陈友谅则野心勃勃，他是朱元璋统一天下过程中最强有力的对手。所以，朱元璋将精力主要集中在陈友谅身上。经过六年的时间，朱元璋终于在鄱阳湖击败陈友谅，成为了最有希望问鼎天下的人。之后，朱元璋先后击败张士诚等起义军势力，将矛头指向了大都。

1368年正月，四十岁的朱元璋在应天登基，建国号大明。七个月之后，明军攻克元朝首都大都（今北京），元朝灭亡。朱元璋通过自己的努力，终于使自己从一个放牛娃、小行僧变成了统治天下的九五之尊。

张居正与万历新政

张居正（1525年—1582年），湖广江陵（今湖北省荆州市）人，字叔大，少名张白圭，又称张江陵，号太岳，政治家，改革家。万历年间，张居正实行万历新政，进行大规模改革，收到了一定的成效，延缓了明朝灭亡的进程。在整个明朝历史上，张居正可以称为最优秀的内阁首辅，在中国古代的封建文明中，张居正也称得上是最伟大的政治家、改革家之一。

万历初年，张居正取代高拱成为新的内阁首辅。明神宗万历帝登基以后，明朝的社会矛盾日益加剧。当时的土地兼并情况十分严重，那些皇族、王公、勋戚、宦官利用政治特权大量占夺土地。例如大学士徐阶一家就占田二十四万亩，而江南有的大地主甚至占田七万顷。全国纳税的土地有一半就被大地主占了，而这些大地主拒不缴税，严重地影响了国家收入，当时明王朝的财政拮据到了可怕的程度。民同时，租种官田的农民生活压力巨大，加上徭役的名目日益繁多，处境十分悲惨，这让社会矛盾更加尖锐，各地接二连三地发生起义。张居正指出当时存在五大积弊："曰宗室骄恣，曰庶官瘝（guān）旷，曰吏治因循，曰边备未修，曰财用大匮。"此时明神宗年幼，对张居正十分信赖，而负责处理日常朝政事务的明神宗之母李太后对张居正也

张居正像

是充分信任，所以张居正可以无后顾之忧地推行新政。

万历初年，张居正开始进行改革，这次改革规模很大，涉及了政治、经济、军事等各个方面，在当时死气沉沉的中华大地上刮起了一股新风。

在政治上，张居正实行考成法。他在新政中提出"尊主权，课吏职，信赏罚，一号令为主"的思想。因为当时的明朝吏治十分混乱，官员贿赂成风，朝廷的腐败使得以前考核官员的政策早已失效，当时官场流行用金钱买政绩，谁出的钱多，谁的政绩就优秀，反之，如果你没有钱，那么你工作干得再出色也不会得到朝廷的肯定。这种风气使得许多官员在上任之后对百姓进行残酷的剥削，将百姓至于水深火热之中，社会矛盾变得越发尖锐。针对这种情况，张居正制定了一套行之有效的考核制度，加强对各级官员的考核审查，并且凭借着严格的考核制度淘汰了一批不称职的官员。这样既整顿了吏治，也减轻了财政负担。在政绩考核中，张居正对政绩突出的官员予以提拔，对那些弄虚作假、执法犯法的官员则进行严厉打击。所以在改革中，朝廷上下大大小小的官员无不小心谨慎，生怕被张居正查出自己政绩上的问题而被查处，因而都积极认真地做好自己的本职工作。几年之后，朝堂风气焕然一新，行政效力大大提高。

在改革吏治的过程中，一些人仗着自己的地位继续为非作歹，张居正对这些人进行了严厉的打击。例如黔国公沐朝弼屡次犯法，丝毫不顾忌张居正推行的新政，本来以他的罪行应该予以逮捕，但是由于他的爵位可以帮助他豁免大部分的罪责，所以朝廷舆论大多认为黔国公会继续逍遥法外。面对这种情形，张居正采取了迂回的策略，他先改立沐朝弼的儿子袭爵，将沐朝弼的挡箭牌拿掉，然后将沐朝弼押解到京师，对他进行了审判。

张居正对地方官吏的监察也十分严格。张居正推行新政之前，由于朝堂混乱，全国各地强盗四起，他们抢劫百姓，无恶不作，已经成为华夏大地上的一个毒瘤。很多地方官府为了自己的政绩，经常对这种情况隐瞒不报。张居正了解到此类情况之后便下令，如有隐匿不报者，即使政绩再好也必定撤职，于是地方官再也不敢掩盖实情了。官府抓到强盗之后，要立即报告中央处理，盗贼之害也就此解决。

在军事外交上，张居正任用戚继光、李成梁等优秀将领戍守边关。他命戚继光镇守蓟门（位于今河北省迁西县西北），李成梁镇守辽东（今辽宁省辽阳市），又在万里长城上加修了"敌台"三千多座，用以加强对北方少数民族的监控。除此之外，张居正还笼络少数民族首领（如封北方蒙古首领俺答汗为顺义王），在边疆实行互市政策，与少数民族进行交易，这样明朝不但获得了大量军队紧缺的战马，也对边疆少数民族起到了安抚作用，使得明朝的边防压力大大减轻。

经济改革是万历新政的核心，万历新政采取的主要经济改革措施有清查土地和改革赋税两方面。

张居正知道很多官员贵族拥有大量的土地却隐瞒不报，不向国家缴纳赋税，而平民百姓土地很少，却要承担大部分的赋税，繁重的赋税使得百姓无法生存，不得不四处逃亡，这就使得国家税收更少了。张居正认为，模糊的土地管理制度是"国匮民穷"的根源，万历六年（1578年），张居正下令将全国的土地重新丈量，清查漏税的田产。到万历八年（1580年），全国统计查实征粮土地达七百零一万三千九百七十六顷，比弘治时期增加了近三百万顷。这使得朝廷的税收大大增加，明朝也终于在嘉靖虚耗之后重新富裕了起来。

"一条鞭法"是万历新政在赋役方面的一项重要改革。主要内容有三点：一是以州县为基础，将所有赋税包括正税、附加税、贡品以及中央和地方需要的各种经费和全部徭役统一编派，"并为一条"，合为一项税收。过去田赋有夏粮、秋粮之分，征收名目又多，使得税收的征缴非常繁琐，严重影响了工作效率，再加上当时的老百姓文化程度低，很多人根本就不知道国家究竟要征收多少项税，这就给了一些贪官污吏贪污的机会，他们借助这一点肆意编造税收名目，大肆盘剥百姓。而一条鞭法施行之后，由于税制简单，只有一项税收，这样就使得税收工作变得简单了，征税工作的效率得到了极大的提高，同时，百姓们也能够清楚地知道需要缴纳什么税，再也不用害怕官员巧立名目，剥削他们了。二是关于徭役征派的改革。过去徭役征派有里甲、均徭、杂泛之分。里甲按户口计征，不服役的人需要缴纳"户银"；均徭、杂泛按人丁分派，应役方式又有以身应服、纳银代役之分。改革之后，取消了里甲之役，将应征的门银同丁银合并在一起，并将丁银也并为一条，分摊到了田亩中。对于无法负担丁银的人，

可以选择服役，的"丁银"计算之人的劳动和服耗按银两计算，数目就算服役完分，国家将会发的役钱。三是官征派，不愿服役钱，达到国家规以不再被强制服雇佣百姓服役。

由政府制定详细办法，即将服役役期间的生活消直到达到规定的毕。对于超出部放与劳动量等额府用役不再强行的可以缴纳免役定的服役期限可役，国家会花钱

明神宗朱翊钧像

张居正推行的万历新政在一定程度上缓解了国内的阶级矛盾和民族矛盾，为死气沉沉的明王朝增添了一线生机。他的一系列改革帮助明朝清明了政治，增强了国力，在一定程度上减轻了农民的负担，促进了农业商品化的发展，对中国走向商品经济也有莫大帮助。同时，张居正的改革使得封建政府对农民的人身控制有所放松，使农民不再仅仅局限于土地之上，可以从事其他的行业，这也为我国资本主义的萌芽和发展奠定了基础。虽然张居正的这次改革取得了一定成效，但是在经济上，却没有从根本上改变明朝财政制度深层次的弊病。一方面，张居正没有解决土地兼并问题，使得土地兼并问题越来越严重，而土地集中产生了大量的流民，这些流民转化为佃农，遭受了地主残酷的剥削；另一方面，明朝已经病入膏肓，张居正无法破除这深入骨髓的顽疾，自然也就无法挽回明朝的生命了。

随着张居正的功业越来越大，他的地位也步步提升，张居正在生前被加封太师、太傅、太保，位极人臣，功盖天下。1582年，一代名相张居正逝世。

身为帝师的张居正对明神宗要求十分严格，所以，明神宗在小的时候就十分惧怕张居正。等到张居正逝世时，明神宗已经是二十多岁的大人了，亲政后，怀着对这位严师的憎恨，明神宗不顾一切想要破坏张居正的新政。再

加上张居正的改革触动了许多人的利益，他们也对张居正恨之入骨，所以，废除万历新政，特别是"一条鞭法"的呼声很高。于是，明神宗下令废除新政，想方设法消除张居正的痕迹。就这样，张居正的万历新政的痕迹被逐渐从这片土地上抹去了。

张居正离世之后，有人告他利用手中权力攒下万贯家财，明神宗得知后勃然大怒。明神宗心想："我身为皇帝，你那么严格地要求我，让我过了十年的清苦生活，而你自己却过得如此奢华，这完全就是将我们俩的位置给颠倒了，这实在是欺人太甚。"带着满腔的怒火，在张居正尸骨未寒之时，明神宗便下令抄了张居正的家，削夺了张居正的封号，将他几个儿子罢黜为民，还逼死了张家十几人。万历帝的行为引起了公愤，到明熹帝时，张居正才得以平反。

张居正虽然不是完人，但他的功绩是不能抹杀的。在张居正主政期间，他兢兢业业，使得日渐衰败的明朝出现了繁荣局面。他推行的"一条鞭法"对后世的影响尤其深远。国学大师梁启超将张居正列为中国古代六大政治家之一，张居正当之无愧。

开辟大清江山的努尔哈赤

他被金庸称为"自成吉思汗之后,四百多年中全世界从未出现过的军事天才"。这里的他,指的是中国最后一个封建王朝的奠基人——清太祖努尔哈赤。

努尔哈赤(1559年—1626年),明朝末年著名的政治家,军事家。努尔哈赤二十五岁的时候以十三副兵甲起兵,统一了女真各部,占据了中国东北地区。在与明朝军队的对战中,努尔哈赤屡次打败明军,成功摆脱明朝的控制,建立了后金政权,为大清王朝的建立奠定了基础。

明世宗嘉靖三十八年(1559年),努尔哈赤在建州左卫苏克素护部赫图阿拉城(今辽宁省抚顺市新宾县)的一个满族奴隶主塔克世家中出生。努尔哈赤出生时,明朝已经渐渐走向衰落,出现了覆灭的征兆。努尔哈赤是家里的长子,所以父母格外疼爱他。不幸的是,努尔哈赤十岁的时候,他的生母突然去世了,后来进门的继母对努尔哈赤兄弟十分刻薄,而努尔哈赤的父亲也因为受了妻子"枕边风"的影响,对努尔哈赤兄弟俩越来越忽视。努尔哈赤为了自己谋生,经常出入林海雪原,采药、挖人参,然后拿到集市上去卖了赚钱。

十五岁那年,努尔哈赤带着弟

清太祖朝服像

弟去投奔外祖父王杲，王杲是女真族很有名的一个首领，常集合建州各部侵扰明朝边境。1574年，王杲在一次进犯明朝边境的战役中被明朝总兵李成梁击溃，后被杀，而努尔哈赤兄弟也因此被俘。李成梁觉得努尔哈赤是个人才，所以将他留在了身边。

在李成梁帐下，从小就武艺高强、弓马娴熟的努尔哈赤屡立战功。但是，雄心勃勃的努尔哈赤怎么可能甘心一直为杀死自己外祖父的李成梁效力呢？三年后，努尔哈赤借回乡成亲的机会，离开了李成梁。

努尔哈赤的祖父和父亲当时都在明朝做官，虽然他们忠心耿耿地替朝廷管理女真族，但是明朝政府始终不能完全信任他们。王杲被杀后，他的儿子阿台以古勒城为根据地，继续反抗明朝。李成梁决定一举歼灭阿台。听闻这个消息后，努尔哈赤的祖父和父亲急忙去古勒城劝阿台投降，结果阿台不听劝阻，坚持与明朝对抗。后来，苏克素护部图伦城城主尼堪外兰出面诱骗古勒城守军投降，然后李成梁率军攻进古勒城，并大肆屠城，还杀了当时身在古勒城的努尔哈赤的祖父和父亲。

面对家破人亡的惨剧，努尔哈赤悲痛欲绝，他质问明朝官员为何这般是非好坏不分。明朝官员深知理亏，于是将此次惨剧解释为误杀，并承诺让努尔哈赤承袭其祖父的职位，做建州左卫都指挥使，还答应赐给他敕书和战马。努尔哈赤要求明朝将罪魁祸首尼堪外兰交给自己，可是明朝官员却让努尔哈赤乖乖臣服于尼堪外兰。努尔哈赤彻底对明朝政府绝望。后来，尼堪外兰仗着自己受明朝政府的青睐，大肆打压努尔哈赤，努尔哈赤忍无可忍，终于决定起兵反抗尼堪外兰。

明万历十一年（1583年），努尔哈赤整理出祖父和父亲留下来的十三副兵甲，率领不到一百人的队伍，向尼堪外兰发动了进攻。尼堪外兰外强中干，禁不起努尔哈赤这支勇猛队伍的攻击，不久便败逃到鹅儿浑城。明万历十四年（1586年），努尔哈赤攻克鹅儿浑城，并追赶尼堪外兰到抚顺，将他砍死在城下，报了大仇。接着，努尔哈赤采取"恩威并行"、"顺者以德服，逆者以兵临"的方针，历时十年，统一了建州女真各部，势力直逼明朝的辽东，直接威胁着明朝的统治。

明万历四十四年（1616年），努尔哈赤在赫图阿拉城称"覆育列国英明汗"，国号"大金"，正式建立了政权。为了和完颜阿骨打建立的金国区

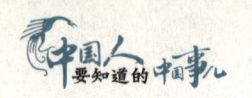

别，历史上称其为后金。

努尔哈赤有两大功绩，一是创建了八旗军制，二是创建了满族文字。八旗制度是"以旗统人，即以旗统兵"的兵民合一、军政一体的社会组织形式，是清太祖努尔哈赤于明万历二十九年（1601年）正式创立的，八旗初建时设四旗：黄旗、白旗、红旗、蓝旗。1614年因"归服益广"将四旗改为正黄、正白、正红、正蓝、镶黄、镶白、镶红、镶蓝四旗，合称八旗，统率满、蒙、汉族军队。八旗士兵平时狩猎耕种，战时上马出征。八旗旗主都是努尔哈赤的子侄，努尔哈赤是八旗的最高统帅。八旗制度的实行极大地提高了女真族的战斗力，为清朝一统天下立下了赫赫战功。

为了推进女真文化的发展，努尔哈赤命额尔德尼和噶盖仿照蒙古文字创建了女真文字，并引进汉族的先进文化和生产技术，为巩固后金政权作出了巨大贡献。

后金建立之后，努尔哈赤觉得自己的实力已经可以和逐渐没落的明朝对抗了，于是，他开始准备反对明朝的统治。明万历四十六年（1618年），在一次和女真叶赫部的纠纷中，努尔哈赤觉得明朝政府偏袒女真叶赫部，所以，他在恼怒之下决定反明。之后，努尔哈赤愤然颁布"七大恨"，其中第一条就是明朝杀害了他的祖父和父亲。誓师之后，努尔哈赤亲率大军，南下伐明。

后金军队攻陷抚顺、东州等地，掳掠人畜三十万，编降民一千户，之后又击败援军一万多人，并迫使明朝将领李永芳背叛民族和国家，投靠了努尔哈赤。这次战役为努尔哈赤的反明大业开了一个好头，大大增强了努尔哈赤的反明信心。

抚顺等地的失陷，震惊了明朝朝野。远在京城的皇帝和官员们没有想到，曾经在自己眼中非常弱小的女真竟然已经壮大到了这种地步。震怒的明朝政府派出了熟悉东北的杨镐为辽东经略，并任命宁远伯李成梁的儿子李如柏为辽东总兵官，调动了十万大军准备大举征伐后金。

万历四十七年（1619年）二月，明朝调动军队十余万人，兵分四路，向后金的都城赫图阿拉发动了攻击。在听说几路明朝大军前来进攻的消息后，努尔哈赤并没有慌张。他对部下说："他们如果将军队整合在一起，那我还有些担心，但是他们兵分几路却给了我们可乘之机。我们可以集中优势兵力，各个击溃他们。"努尔哈赤只在其他三路留下了少量士兵观察敌情，而将大部分军队集中在了明朝的主力军——西路军的必经之路上。当西路军的首领杜松领军三万余人到达浑河时，努尔哈赤早已经做好了准备。努尔哈赤下令在树林中埋伏下了精兵，还派人在浑河上游将河流阻塞。等到杜松的军队渡河的时候，上游河流突然决堤，顿时，大量的明军被凶猛的河水给淹没了，单单在渡河时，明军就折损了差不多一万人。等到剩下的明军从洪水中逃脱之后，还没来得及喘口气的他们又遭遇了当头棒喝。埋伏在树林中的后金军突然杀出，将惊魂未定的明军杀得人仰马翻。接着，努尔哈赤率军在萨尔浒（在赫图阿拉西一百二十里）消灭了明军的西路军，斩杀包括西路军首领杜松在内的多名明军将领。之后，努尔哈赤又利用杜松的令箭将明朝的东路军诱骗到后金的伏击圈内，成功地将东路军也消灭了。听见两路大军溃败的消息后，剩下的两路大军军心涣散，无奈之下，他们只好选择了撤兵，明朝的征剿行动以后金的大胜而告终。而这次战争的胜利也标志着后金正式成为了可以和明朝抗衡的政权。

萨尔浒之战后，努尔哈赤乘胜占领了开原、铁岭，吞并了叶赫部女真。明朝改派熊廷弼为辽东经略前去抵抗努尔哈赤军队。熊廷弼积极整顿军队，重修城池，安定民心，并采取了固守政策，使得辽东的形势稳定了下来。可是好景不长，昏庸的明朝政府又改派无能的袁应泰为辽东经略。努尔哈赤趁机攻破沈阳，并迁都于此，将沈阳作为进攻明朝的根据地。

沈阳失陷后，明朝政府又急忙再次派熊廷弼为经略，同时任命王化贞为广宁巡抚，一起抵抗后金军队。但是，实际权力掌握在王化贞的手里，熊廷弼的计划不能很好地实施，结果广宁因此失守。结果，昏庸的明朝政府因此处死了熊廷弼，东北局势更加危急了。

随后，明朝政府又派孙承宗和袁崇焕去东北防守，后孙承宗被排挤罢职，

袁崇焕像

袁崇焕独自守着宁远孤城。努尔哈赤见明朝的军队首领又出变故，觉得这是千载难逢的进攻机会，于是，1626年，努尔哈赤兴兵攻打宁远。在这次战役中，宁远守将袁崇焕给了努尔哈赤当头一棒，他利用红衣大炮将勇猛无比的八旗军队打得溃不成军，而曾经在战场上叱咤风云的努尔哈赤也在这次战争中遭到了重创，随后只好兵退盛京（今辽宁省沈阳市）。

　　宁远之战的失利，让心高气傲的努尔哈赤深受打击。在努尔哈赤深受重创的时候，他还率军对蒙古喀尔喀进行了征讨，而这次对蒙古的战争，也使得努尔哈赤的伤势更加恶化。结果，1626年，努尔哈赤病死在沈阳附近的瑷鸡堡（今沈阳市铁西区翟家街道的大埃金）。努尔哈赤一生驰骋沙场，横扫东北，几乎战无不胜，最后却败在袁崇焕这个后生小子之手，失去了进军关内、取代明朝的机会。但努尔哈赤一生对女真族的发展作出了巨大贡献，使女真族逐渐发展起来，并最终入主中原，一统天下。努尔哈赤作为女真族的伟大领袖将名垂青史。

缔造封建盛世王朝的康熙皇帝

他八岁那年，父亲去世，他在祖母的支持下登上了皇位，开始了他对清朝长达六十一年的统治，他在位时间之长，在我国历史上是一项纪录，他就是缔造封建盛世王朝的康熙皇帝爱新觉罗·玄烨（1654年—1722年）。

一般来说，皇帝的金銮殿上只有一把椅子，那就是皇上的龙椅。可是，在康熙第一次走进这座大殿时，殿上竟然有五把椅子，这是怎么回事呢？原来，当时的清朝虽然已经基本统一了中国，但是，连年的征战将这个国家弄得千疮百孔，康熙自幼聪慧，可是他仅仅只有八岁，想让一个八岁的孩童去处理政事，这显然是不现实的。所以，朝堂便选了四位辅政大臣来帮助康熙处理政务，而那四把椅子是属于他们的。这四人都是功勋赫赫的满族权贵，但他们却不能同心协力地辅佐幼主康熙，尤其是野心勃勃的鳌拜，更是专横跋扈，制造冤狱打击异己。

康熙八年（1669年），十四岁的康熙开始亲政。当年七月，亲政大典举行。按规矩，康熙亲政之后，鳌拜等辅政大臣应该将权力交还给康熙，但是，野心勃勃的鳌拜以康熙年纪尚小为借口，继续执掌大权。这时，辅政大臣苏克萨哈上书康熙，主动请求离开朝廷，去守护顺治帝的陵墓。苏克萨哈此举无疑是给了鳌拜一个下马威，鳌拜恼羞成怒，在朝堂上逼康熙处死苏克萨哈。面对鳌拜和其党羽的嚣

康熙晚年朝服像

· 187 ·

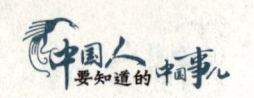

张气焰，年少的康熙万般无奈，只好下令将苏克萨哈及其子孙全部处死。此后，鳌拜更加专横跋扈，简直将自己看成了太上皇。才智过人的康熙为了对抗鳌拜，开始韬光养晦。康熙表面上对鳌拜十分敬重，加封他为一等公和太师，同时，康熙挑选了一百名亲王子弟做他的侍卫，组成善扑营，每天和他们一起练习摔跤。等到准备妥当之后，康熙假装很恭敬地将鳌拜单独请到了皇宫。身为满族第一勇士的鳌拜对自己的身手非常自信，所以，他大摇大摆地走进了皇宫，结果，一百名身手不凡的青年侍卫以迅雷不及掩耳之势，蜂拥而上，施展出摔跤绝技，竟然将鳌拜这个满族第一武士给擒住了。康熙宣布了鳌拜的三十条大罪，但念在他曾为创建清王朝立下过汗马功劳，所以赦免了他的死罪，只禁锢终身。之后，康熙迅速剪除鳌拜的党羽，将大权牢牢地掌握到了自己手中，真正开始了自己的亲政生涯。

在亲政之后，康熙兢兢业业，将国家治理得井井有条。正当他沾沾自喜时，一份奏折破坏了他的好心情。原来，这是三藩之一的平南王尚可喜的请退折子，他在折子上说自己年迈，希望将平南王之位传给自己的儿子。康熙看了奏折之后非常生气地说："他尚可喜年迈请退，我自然允许，可是，他竟然想让自己的儿子继承自己的王位，这不是国中之国吗？我绝对不会允许这种事情发生。"于是，撤藩被康熙提上了议程。

所谓的"三藩"，是指镇守云南的平西王吴三桂，镇守福建的靖南王耿精忠和镇守广东的平南王尚可喜。他们在清朝入关时立下了大功，因此被封为异姓王。但是现在，他们拥兵自重，不但对清朝统治有很大的威胁，而且每年还需要消耗大量的军费，给朝廷带来了巨大的负担。所以，康熙十二年（1673年），康熙下令撤除三藩。

吴三桂等人不愿意就这样放弃他们的权力。1673年冬，吴三桂率先在云南发动叛乱，并在第二年春攻陷常德、长沙、岳州、澧（lǐ）州、衡州等地。之后，耿精

鳌拜像

忠、尚可喜也响应吴三桂，在广东和广西起兵，一时间，中国大地上乱成了一锅粥，许多地方大员纷纷反叛。在短短几个月之内，滇、黔、湘、桂、闽、川六省陷落，一时局面相当严峻，康熙面临着亲政以来的最大危机。在这种情况下，一些大臣建议康熙与吴三桂和谈，但是，年轻的康熙皇帝却严厉地批评了那些大臣，他坚决地告诉大臣们，他不可能向反叛者服软。在战争中，康熙发现，原来无比勇猛的八旗军队已经在很短的时间内腐化了。于是，康熙开始整顿军队，并开始起用汉族士兵。渐渐地，清朝的军队将颓势扭转了过来。终于，在康熙十五年（1676年）十月，福建耿精忠被迫投降，第二年，广东的尚之信（尚可喜之子）投降，闽、粤以及江西都先后平复。康熙十九年（1681年），清军攻破云南，三藩之乱平息。

平定三藩的战争持续了八年之久，在这场持久战中，康熙运筹帷幄之中，决胜千里之外，显示出了卓越的军事指挥才能和高超的政治远见，向世人证明了自己是当之无愧的胜利者。

平立三藩之后，康熙将目光投向了台湾。自郑成功从荷兰人手中收复台湾之后，台湾就一直在郑氏家族手中。1681年，当时统治台湾的延平王郑经去世，其部将冯锡范密谋杀死了郑经的长子郑克臧，拥立自己的女婿郑克塽（郑经次子）为延平王。由于郑克塽年幼，统治台湾的大权掌握在了冯锡范的手中。面对这种大好时机，康熙自然不想错过，所以，当年七月，康熙选了一文一武两个人才——姚启圣和施琅来负责收复台湾。姚启圣熟悉沿海地区情况，而施琅曾是郑氏军队的将领，熟悉台湾的情况。

康熙二十一年（1683年）六月，施琅率领战舰三百，精锐水师两万，向台湾发动进攻。经过七天的激战，攻陷澎湖岛。澎湖岛失陷后，台湾门户大开，无法抵抗强大清军的郑克塽前来乞降，康熙立即同意。同年八月，施琅率领军队，成功进驻台湾，台湾获得统一。康熙二十二年（1684年），清政府设立台湾府，隶属福建省，并在台湾设巡道一员，总兵官一员，副将两员，驻军八千。在清朝中央政府的统一管理下，台湾与大陆的关系更加密切。

统一台湾后，康熙又将目光投向了罗刹国。罗刹国是当时对沙皇俄国的称呼。沙俄从十六世纪开始就不断东扩，慢慢将魔爪伸向了我国黑龙江

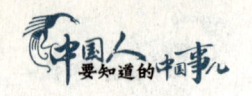

地区，占领了雅克萨和尼布楚等地，还沿路烧杀抢掠，当地百姓生活在水深火热之中。

为了消除边患，康熙先派人以捕鹿为名到前线勘察地形和敌情，接着又派了几千人驻守瑷珲（位于今黑龙江省黑龙江市爱珲区南），并从蒙古调来了足够三年之用的粮草，建好了攻击沙俄的大本营。

一切准备妥当之后，康熙下令进攻雅克萨。清军兵分两路，水陆夹击俄军。雅克萨城内的俄军抵挡不住清军的猛烈进攻，只得向清军投降。康熙下令接受俄军投降，并将他们赦免放回。后清军摧毁雅克萨城，班师回到瑷珲。

1686年，康熙下令第二次进攻雅克萨。经过几个月的激战，清军又一次打败俄军，在重压之下，沙俄同意和清朝和谈，解决边境问题。1689年，中俄签订了《尼布楚条约》，条约规定：中俄以额尔古纳河、格尔必齐河和外兴安岭为界，中国收回雅克萨等地，将尼布楚割让给俄国。《尼布楚条约》曾用满、汉、蒙、俄、拉丁五种文字刻成界碑，立在中俄边境上，为之后中俄边境带来了一百多年的和平。

清初，西北方居住的蒙古族分为漠南蒙古、漠北喀尔喀蒙古和漠西厄鲁特蒙古三大部。清军入关之前，漠南蒙古就已归附了清朝，喀尔喀蒙古和厄鲁特蒙古各部与清政府的关系也比较密切。厄鲁特蒙古的准噶尔部是其中发展得最好的，到了噶尔丹统治准噶尔部的时候，他不仅统治了厄鲁特蒙古，而且占领了天山南路，势力覆盖到青海、西藏地区。实力的壮大催生了噶尔丹的野心。1688年，噶尔丹勾结沙俄，率两万多骑兵，大举进攻喀尔喀蒙古。噶尔丹的军队一路烧杀抢掠，喀尔喀蒙古人被迫抛弃家园，向南逃命。

噶尔丹的叛乱严重威胁了清朝的统治，为了消除叛乱，稳定边疆，康熙决定御驾亲征。1688年秋，清军与噶尔丹在乌兰布通决战。噶尔丹布下驼城抵抗清军，清军炮火从中午一直轰炸到天黑，终于摧毁了驼城。清军杀进驼城，死伤遍地的骆驼反而成了噶尔丹叛军逃跑的障碍，最后，噶尔丹带着残兵败将突出重围，逃回了科尔多。

乌兰布通之战后，康熙对喀尔喀蒙古也实行了漠南蒙古的盟旗制度管理，举行了多伦会盟，取消蒙古贵族的旧称号，改为亲王、贝勒等封爵，此次会盟极大地促进了清朝政府和喀尔喀蒙古之间的关系,对我国统一多民族国家的发展产生了深远影响。

1696年,为了彻底消灭噶尔丹,康熙再次御驾亲征。噶尔丹被康熙皇帝御驾亲征的消息和清军磅礴的气势吓得连夜逃到了昭莫多(位于今蒙古国乌兰巴托南宗英德),结果,噶尔丹在这里遇上了早就等着他的清西路军。清西路军打得噶尔丹几乎全军覆没,最后,噶尔丹只狼狈地带了几十人逃走。之后,康熙写书信给噶尔丹,表示愿意接受噶尔丹的投降,愿意既往不咎,以优抚喀尔喀蒙古的恩例来对待他,但噶尔丹拒绝投降。为了避免留下后患,康熙第三次御驾亲征,将噶尔丹逼入绝境,最后噶尔丹服毒自杀。

蒙古骑兵

在处理与边疆少数民族的关系上,康熙主要以抚慰为主,这加强了边疆少数民族对清朝的向心力。例如蒙古土尔扈特部虽然受到沙皇俄国的控制,但仍心向清朝政府,曾多次派人到北京进贡。在西藏问题上,康熙除了继承顺治帝册封达赖的政策外,还几次派兵进驻西藏,帮助西藏人处理西藏事务。

在平定叛乱,统一多民族的同时,康熙还不忘发展经济,恢复生产。康熙即位之初,经济萧条,人民生活贫困。为了恢复并鼓励生产,康熙多次减免赋税,还规定以后增加人口永不加赋。康熙还主张压缩官营手工业,让宫廷向商人购买宫廷、官府用品,这使得全国的手工业迅速发展起来,促进了商业的发展,有利于资本主义萌芽的出现。

在文化方面,康熙大力提倡崇尚儒学和理学,康熙经常亲自拜谒孔庙,举行隆重的祭孔典礼,同时命人编纂《朱子全书》、《性理大全》等书,这些措施对笼络汉族文士起到了很大的作用。

康熙以崇尚文教、优待文士著称,他振兴文教的一大功绩是组织文士编纂了大量书籍。康熙年间的官修书籍达五十多种，例如《康熙字典》、《明史》、《古今图书集成》等。康熙大规模地组织文士编纂书籍的行动，对保存古代文献、促进学术文化繁荣，有着积极的意义。

康熙在位六十一年，南征北战，为国家的统一和边疆的安定作出了巨大贡献。他励精图治，在政治、经济、文化领域都有突出贡献，他一生勤勉为政，开创并奠定了中国封建社会最后一个高峰——康乾盛世，做出了彪炳史册的辉煌成绩。清代人称赞他为"守成之君，开创之王"，实在是名符其实。

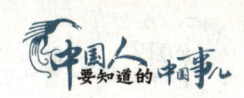

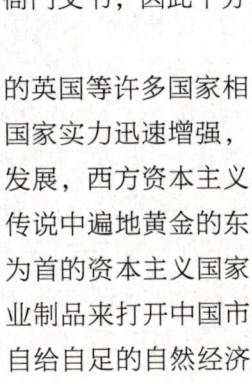

林则徐虎门销烟

十八世纪末至十九世纪中叶，中国处于封建清王朝统治的后期，也处在中国两千多年的封建制度的末期。此时的中国，土地兼并现象十分严重，大量耕地集中在贵族和地主手中，广大农民在地租、徭役、赋税的重重盘剥下，生活在水深火热当中。此时的清政府已经腐朽不堪，整日沉醉在"天朝上国"的美梦之中，官场贪污成风，吏治败坏，整个中国处在一种压抑沉闷的氛围当中，此时，那些为数不多为洗刷耻辱而不懈奋斗的有志之士，就像那黑暗夜空中的星辰，而林则徐就是其中一颗新星。

林则徐（1785年—1850年），福建侯官人（今福建省福州市），字元抚，又字少穆、石麟，晚号俟村老人、俟村退叟、七十二峰退叟、瓶泉居士、栎社散人等。林则徐出身于一个贫寒的旧封建知识分子家庭。因为家境贫寒，林则徐在求学期间曾几次出外谋生，做过塾师，当过衙门文书，因此十分了解民间疾苦。

林则徐像

十八世纪，西方的英国等许多国家相继完成了工业革命，国家实力迅速增强，尤其随着航海事业的发展，西方资本主义国家迫切地希望进入传说中遍地黄金的东方。刚开始，以英国为首的资本主义国家妄图以自己国家的工业制品来打开中国市场，但是，封建制度自给自足的自然经济

注定了西方工业品倾销政策的失败命运。为了扭转贸易逆差，英国开始向中国输送鸦片（鸦片，又叫"大烟"、"烟土"，是一种可以使人上瘾的毒品，一个人如果长时间吸食鸦片，就会全身无力，骨瘦如柴，甚至还会致人死亡）。当时的清政府已经非常腐败了，英国人的一点小小的贿赂就让一些清朝官员出卖了自己的国家。到了道光年间，鸦片已经非常泛滥了，东南沿海的很多城市中烟馆林立，许多人因为鸦片而家破人亡。1837年，林则徐升任湖广总督。此时的鸦片泛滥已经成了严重的社会问题，我国每年从外国偷运进四万箱左右鸦片，整个中国从官僚绅士到普通百姓，都染上了鸦片瘾。看到这种情况，林则徐心急如焚。

1938年，鸿胪寺卿黄爵滋上疏道光帝，主张在全国禁止鸦片贩卖，严惩倒卖鸦片的不法之徒，对吸食鸦片的人也要采取严厉措施。于是，道光帝在朝会上让各地总督各抒己见。时任湖广总督的林则徐坚决支持黄爵滋的禁烟主张，林则徐认为，如果对于鸦片问题等闲视之，那么，数十年之后，"中原几无可以御敌之兵，且无可以充饷之银"。同时，林则徐提出了六条具体的禁烟方案，并率先在湖广地区实施，效果非常好。之后，林则徐又上疏道光帝，请求禁烟，并在上奏时指出，历年禁烟失败的原因在于力度不够，禁烟只是针对一些百姓和实力较小的官员，并不能从根本上解决问题，应该严厉打击那些参与鸦片贸易的大员和外国商人。林则徐的坚决态度和具体主张在朝野上下产生了巨大反响，道光帝看见奏折之后深受震动，他没想到自己统治下的国家竟然到了如此地步，于是他紧急召唤林则徐，向他询问情况。道光帝在八天内连续八次接见了林则徐，而林则徐利用这个机会力陈禁烟主张，受到了道光帝的肯定。后道光帝特命林则徐为钦差大臣，前往广东禁烟。

在进入广州之前，林则徐派人在广州的各大烟馆明察暗访，掌握了第一手资料。当林则徐进入广州城时，那些外国烟贩子还自以为是地认为，只需要用一点点钱来贿赂钦差大臣就可以继续他们的不法生意了。没想到的是，他们准备贿赂的金银还没有送出去的时候，林则徐已经发出通告，责令以十三洋行为首的店铺三日之内交出鸦片，并保证以后决不再携带鸦片入华。在发出通告的同时，林则徐迅速派遣士兵查封了各大烟馆。这时，那些鸦片贩子才真正意识到，这位钦差大臣是要动真格的了。但是，那些英国的鸦片

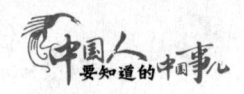

贩子叫嚣着说："我们是英国公民，你们无权干涉我们的生意，如果你们强行扣压我们的商品，那将是对我们国家的挑衅。"可是林则徐丝毫不为所动，他义正词严地告诉那些外国的不法商人："鸦片一日不绝，本大臣一日不回。但凡有不遵命令者，将一律严惩不贷。"随后，林则徐发布了禁海令，防止贩卖鸦片的外商携带鸦片出逃。禁海令一发出，外国的鸦片贩子慌了手脚。为了不使鸦片被没收，英国驻中国商务总监查理·义律从澳门赶来。刚开始，查理·义律指使手下向林则徐上缴了一千箱鸦片，妄图蒙混过关。但是林则徐发现了他们的阴谋，林则徐告诉他们，如果不如实缴纳，他将亲自带兵搜查理事馆。无奈之下，查理·义律只好下令悄悄将鸦片暂时运出中国。当天晚上，查理·义律命人悄悄将鸦片装上船，妄图乘着黑夜将鸦片运走。可是林则徐早有防范，他率领船队在海上拦住了英国的船只，从船上缴获了数量极其庞大的鸦片。同时，林则徐下令逮捕以查理·义律为首的鸦片贩子，查封了英国理事馆，将鸦片悉数运往虎门准备销毁。除此之外，林则徐还破获了上百起鸦片走私贩卖活动。在整个过程中，林则徐显示了他刚正不阿的一面，无论是谁，有什么背景，只要敢顶风作案，林则徐就会严惩不贷。就这样，经过一个多月的查处，林则徐将广州的鸦片收缴一空。在鸦片收缴结束的当天夜里，林则徐上奏道光帝，恳请道光帝下令销毁鸦片。禁烟行动取得了如此大的成果，道光帝十分高兴，他命令林则徐全权处理此事，将鸦片就地销毁。

1839年6月3日这天，古老的虎门塞下，山前山后岗哨林立，中间搭着一座礼台。下午两点左右，林则徐在一些官员的陪同下，登上礼台。在礼炮轰鸣声中，愤怒的人们把一箱箱鸦片倒入石灰池中销毁。在销烟的那些天，每天都有成千上万的当地老百姓纷纷聚集到虎门观看这一激动人心的场面。林则徐命人在虎门挖下数个大池子，将鸦片倒入池中，先用水浸泡半日，再往里面倒入生石灰，彻底销毁了这个害惨了中国的坏东西。虎门销烟从6月3日开始，到6月25日结束，历时23天，销毁鸦片19187箱，2119袋，总计重量2376254斤。

虎门销烟是我国近代史上反帝斗争中的光辉一页。林则徐领导禁烟运动的胜利，是中国人民反侵略斗争史上的第一次伟大胜利，这一伟大壮举，严厉地打击了西方帝国主义的嚣张气焰，维护了中华民族的尊严和利益，让西方帝国主义见识到了中国人民反对侵略的坚定决心。

　　虎门销烟从一定程度上遏制了鸦片在中国的泛滥，也让中国广大民众认识到了鸦片的危害性，使很多人看清了英国向中国贩卖鸦片的本质，唤醒了人们的爱国意识。经过虎门销烟事件，禁烟英雄林则徐被人们尊为民族英雄，其清廉、刚正不阿的品质也为后人传颂。

　　林则徐领导禁烟运动的胜利，维护了中华民族的尊严和利益，是人类历史上旷古未有的壮举。史学家认为，虎门销烟体现了中华民族反对外来侵略的决心，对中国人民抗击外来侵略有着标志性的意义。但是，"虎门销烟"并不能解救当时腐朽自闭的中国，反而加速了中国半殖民地的脚步。因为禁烟运动直接损害了英国资产阶级的利益，这也就成了外国列强发动鸦片战争的导火索，英国政府很快决定对中国发动蓄谋已久的侵略战争。从这个角度看，"虎门销烟"加速了中国半殖民地化的脚步，从很大程度上推动了中国近代化的发展。

魏源与《海国图志》

魏源（1794年—1857年），清朝著名的思想家，政治家，文学家，名远达，字默深，号良图。道光二十二年（1842年），清朝在与英国的第一次鸦片战争中战败，清政府签订了中国近代史上第一个不平等条约。但是，虽然经此事变，清朝政府上至皇帝，下到臣民，却仍然没有开放国门、正视外部世界的意识。在这种沉闷的气氛下，一位进士出身、熟读《四书五经》的书生，却在他的江南书斋里编辑完成了一部与正统典籍很不一样的书——《海国图志》。他是近代中国"睁眼看世界"的先行者之一，他提出"变古愈尽，便民愈甚"的变法主张，倡导学习西方先进科学技术，总结出"师夷长技以制夷"的新思想。

在当时那个时代，魏源睁开眼睛看世界，辑录关于异邦蛮夷情况的图书，肯定被天下的读书人认为离经叛道，也会被主流社会攻击和排斥，但魏源冒着被认为是"为夷张目"的风险，果断地辑录出《海国图志》这样的图书，并提出"师夷长技以制夷"的重要思想，实在称得上是独迈千古之举。

魏源像

清乾隆五十九年（1794年），魏源出生于湖南邵阳县金潭回县（今湖南省邵阳市隆回县）。魏源从六七岁开始就读经学史，经常苦读至深夜。母亲怜惜儿子，不想让他因太过勤奋而拖垮身体，所以规定魏

源每晚必须按时熄灯休息。但是，对知识充满渴望的魏源总是在父母都睡熟之后再重新起来，继续挑灯学习。可是，满腹经纶的魏源的科举之路却不是那么顺利。魏源十五岁中秀才，二十九岁中举人，可总是在进士之路上折戟，直到1844年，五十岁的魏源才实现了自己的进士梦。

道光二十年（1840年），鸦片战争爆发，外国侵略者的无耻行径激发了魏源强烈的爱国热情。道光二十一年（1841年），魏源投入两江总督裕谦麾下，直接参与了抗英战争，并亲自前往前线审讯俘虏。在这场战争中，魏源是坚定不移的主战派，他坚决反对西方资本主义的侵华行为，并积极为反侵略出谋划策。魏源认为，中国的军事力量虽然不能与西方资本主义国家相抗衡，但是我们可以依靠群众的力量，依靠对国土的熟悉将殖民者赶出中国去。在三元里人民取得抗英胜利之后，魏源更加坚定了自己的看法。他对英勇的三元里人民大加赞扬，而对帮助侵略军解围的投降派充满了愤怒和鄙视。魏源在《海国图志》中这样写道："三元里之战，以区区义兵，围夷酋，斩夷师，歼夷兵，以欸开网之而逸，孰谓我兵陆战之不如夷者？"而且，魏源还认为，在海上实力不如对手的情况下，我军应该采取守势，将敌人引到陆地上再与他们进行周旋，利用熟悉地形的优势，将敌人一点点拖垮。这种策略是非常可行的，只可惜，已经腐化到骨子里的清政府选择了投降，使中国遭受到了前所未有的耻辱。

魏源不但是一位爱国志士，同时，他也是一位改革家，他曾几次上疏请求清政府进行改革。他强调，世界总是在不断进步的，天底下没有几百年不变的制度，任何制度在经过长期应用之后，都会跟不上历史发展的潮流，只有革新，只有变法，才能使中国重新焕发强大的生机。最初，魏源的这些话主要是针对清政府经济体制的落后而言的。在鸦片战争前后，魏源对水利、漕运、盐政等方面的弊端都提出了很多具有建设性的意见，并在自己曾经任职的地方做过试验，也取得了一定的成效。这些主张，不仅在当时具有进步

《南京条约》局部手稿

意义，而且，他的这些思想为后来资产阶级维新变法运动起到了积极的推动作用。

怀着满腔热情准备报国，可是清政府的所作所为让魏源万分失望。所以魏源决定换一种方式来报效国家，于是他决定编撰《海国图志》。

魏源撰写《海国图志》跟另一位举足轻重的人物林则徐有关。1841年夏，林则徐经过江苏镇江时，会见了他的老朋友魏源，并将自己在广州时组织人翻译的《四洲志》、《澳门月报》和《粤东奏稿》等资料交给了魏源，希望他能编撰一本全面介绍西方的图书，以唤醒国人，拯救国家。

搜集了大量世界地理方面的资料后，魏源开始续编林则徐的《四洲志》，终于在1844年，魏源初步完成了对《四洲志》的续编。魏源在林则徐《四洲志》的基础上增加了许多内容，总共成书五十卷，并更名为《海国图志》。三年之后，《海国图志》扩编到六十卷，到1849年又扩编为一百卷。这部书叙述了世界各国的地理风貌、政治制度、生产状况、风土人情等多方面的东西，可以让国人对其他国家有所了解。

在《海国图志》中，魏源指出，中国之所以战败，有很大一部分原因是由于闭关锁国的政策。闭关锁国使得中国和世界失去了联系，国人对中国以外的变化一无所知，所以在面对西方殖民者的侵略时才会显得惊慌失措，很快就屈服于殖民者的淫威之下。魏源认为，清政府投降，是因为对西方坚船利炮的恐惧，是对未知事物的恐惧，假如中国能够多了解一些其他国家的信息，特别是多了解以英国为首的西方资本主义国家的信息的话，清政府不会那么快就选择投降。总之，魏源觉得，中国是输在了无知上。

在《海国图志》中，魏源不惜耗费大量笔墨对西方资本主义国家进行详

清代画家任颐所绘的《人物图》

细介绍，特别是当时最发达、最强盛的资本主义国家——英国，魏源更是从其政治、经济、文化等诸多方面进行了分析和阐述。在对英国进行描述时，魏源还一针见血地揭示出以英国为首的资本主义国家向中国倾销鸦片的险恶用心和严重危害。他说："英国本土不产鸦片，而英国人自己也不吸食鸦片，可他们为什么会将大量的鸦片运入中国呢？因为鸦片虽然是万恶的毒品，却能为英国带来巨大的利益，英国人可以慢慢地用鸦片将全中国腐化，这种心思，实在歹毒。"而且，魏源告诫国人说："鸦片流毒，为中国三千年未有之祸，如不禁，则国必亡。"

对于西方资本主义国家的先进技术，魏源并不抵制，他认为，中国很有必要学习制造西方国家所拥有的"火枪"、"火轮"、"航船"、"火车"等，这些东西带给了西方无数的财富，使西方变得富强起来，同样，中国也可以依靠这些东西重新变得强盛起来。魏源提出了"师夷长技以制夷"的著名观点，这其实就是呼吁清政府不再闭关自守，废除因循守旧的恶习，将目光着眼于世界，尽快跟上世界的步伐，从而达到击败侵略者的目的。这一观点打开了许多国人思想上的枷锁，加速了中国近代化的进程。

可是怎样做到师夷长技呢？魏源分析认为，在中国和西方资本主义斗争的过程中，他们有两点占据优势，那就是他们的坚船利炮和养兵练兵之法。所以，"师夷"的具体做法就是：设立译馆翻译西方书籍，从书上了解他们，学习他们；聘请外国技师传授制造枪炮舰船的技术，让国人也掌握这些技术；聘请外国军人教授中国士兵驾驶军舰，使用火枪大炮；开办制船厂、制炮厂，制造枪炮、军舰，将军队武装起来。除此之外，对于那些能给中国带来发展的物品也可以引进和利用，例如火车、轮船等。魏源信心满满地认为，只要做到这些，赶走殖民者指日可待，中国的富强也指日可待。

但是，受到时代的局限，魏源并没有找出导致中国落后的最根本的原因，那就是历经两千多年的封建腐朽制度。如果不彻底推翻封建制度，那么自然经济依旧会占据主导地位，魏源的那些所谓的改变就会寸步难行，单单依靠对经济和军事的小修小改是无法从根本上解决问题的。

《海国图志》诞生在这样一个时代，其遭遇必然是知音寥寥，《海国图志》的诞生如同在汪洋大海中投下一枚石子，根本激不起飓风骇浪。据统计，当时国内有能力读此书的人达三百多万人，但是却很少有人认真阅读和领会书中的深刻内涵，而且许多守旧的朝廷官员在看了此书后都骂声不断，他们根本无法接受书中对西方蛮夷的赞美之词。出乎意料的是，《海国图志》在一衣带水的邻国日本产生了重大的影响，它为当时正在寻找出路的日本提供了了解西方世界的一个绝好窗口。虽然由于国人思想守旧问题严重，《海国图志》"墙内开花墙外香"，但它同时对国人的思想起到了一定的启示作用，它像一把钥匙，打开了一小部分国人的思想枷锁。可以说，后来的洋务运动、维新变法甚至是辛亥革命等变革运动，都或多或少地受到了魏源的《海国图志》的影响。

康有为与昙花一现的百日维新

康有为（1858年—1927年），字广厦，号长素，又号明夷、西樵山人、更生等，广东南海人，人称"康南海"，清光绪年间进士。康有为的祖父曾是左宗棠湘军的重要将领，官至广西巡抚，归乡后建澹如楼，藏书万余卷。康有为十一岁丧父，所以他随祖父读书，深受程朱理学的熏陶。康有为年轻时在澹如楼读书，广泛翻阅达十多年，打下了深厚的国学基础。

1888年，康有为到北京参加顺天乡试，没有考中。当年九月，他上书光绪帝，痛陈"外夷"相逼的险状，要求变法维新，提出了"变成法，通下情，慎左右"三条纲领性的主张。但是，康有为的这封上书言辞十分激烈，所以没有一个人敢把它陈给光绪皇帝。但是康有为的政治主张吸引着无数关心国家命运的有志之士，康有为的这封上书在京城广为流传，一时间康有为闻名京城。

1891年，康有为回到广东，开办万木草堂学馆，聚徒讲学，并为变法运动创造理论。先后写了《新学伪经考》和《孔子改制考》两部著作。《新学伪经考》把封建主义者历来认为神圣不可侵犯的文献；《孔子改制考》把本来偏于保守的孔子打扮成满怀进取精神，提倡民主思想、平等观念的人。康有为的这些看法虽然有不科学的地方，但是他的改革精神却在知识界产生了强烈的震动和反响，对封建顽固守旧分子产生了很大的威胁。

1895年，来自各地的举人们汇聚北京，期待着

康有为像

金榜题名的时刻到来。而此时，这些知识分子们却听到了李鸿章与伊藤博文在日本马关签订了割地赔款的《马关条约》的消息。来参加会试的康有为事先获知了条约的全部内容，非常震惊，于是他召集了一千三百名举人联名请愿。康有为洋洋洒洒写了一万八千言的《上皇帝书》，由这些来参加会试的举人联名认同，反对签订丧权辱国的《马关条约》，这就是著名的"公车上书"。"公车上书"为光绪皇帝提出了四点建议：一是下诏鼓天下之气；二是迁都定天下之本；三是练兵强天下之势；四是变法成天下之治。"公车上书"被认为是维新派登上历史舞台的标志，也被认为是中国群众的政治运动的开端。

在这次会试中，康有为中了进士，被任命为工部主事。从此以后，康有为不仅是变法理论的导师，而且成为了维新运动的领袖。后来，康有为又连续给光绪皇帝上书，系统地阐述了自己的变法思想，光绪皇帝对康有为的变法思想很认同。1898年6月11日，光绪皇帝下诏变法，到9月21日，慈禧太后发动政变为止，变法历时一百零三天，史称"百日维新"。

在变法期间，光绪皇帝根据康有为等人的建议，颁布了一系列变法诏书和谕令。在短短几个月时间里，光绪皇帝就颁布了三百多道变法谕令，做出了二百四十多个最高指示。这些诏令的主要内容有：在政治上，清政府要广开言路，允许士民上书言事；要裁汰绿营，编练新军。在经济上，在全国设立农工商局、路矿总局，提倡开办实业；修筑铁路，开采矿藏；组织商会；改革财政。在文化上，要废八股，兴西学，创办京师大学堂；设译书局，派留学生；奖励科学著作和发明。这些革新政令的目的在于学习西方的管理制度、文化、科学技术，发展资本主义，建立君主立宪政体，使国家富强。

但是，这些措施极大地触动了封建顽固势力的利益，顽固派疯狂地阻挠维新派实行新政。新法推行之后，全国各地几乎没有官员按照圣旨执行新法，结果，新法成了水中月，雾中花。

最终，在以慈禧太后为首的顽固派的阻挠之下，戊戌变法只进行了短短一百零三天就被终止了。光绪皇帝被软禁，戊戌六君子被杀害，而变法的领头人康有为也不得不流亡海外。

这次改良运动，以流血的悲剧结束，使中国的现代化进程严重受挫。可是,为什么变法会失败呢?

就拿变法核心人物康有为来说,他出身于官僚地主家庭,从小就学习"四书五经",虽然在国外留学的时候,他接触到了西方先进的思想文化,开阔了自己的眼界,思想有了变化。但是,从小便接受"四书五经"熏陶的他还是受到了儒家思想的影响,所以在他根据西方文化构建自己的思想体系时,必定会以中华民族的文化为基础。例如在《新学伪经考》中,康有为指出,现在的儒家经典是西汉时期编造的伪经,并不是儒家真正的经典,实际上,孔子是一位改革家,他的改革思想在伪经中被取消了。而在《孔子改制考》中,康有为将孔子思想的保守部分理解为孔子的平等观念。康有为妄图通过重新定义孔子思想来推动变革,却忽视了几千年来,人们对儒家思想的理解是多么深刻,多么顽固,因此康有为单单凭借自己对孔子思想的改变是没有说服力的。

戊戌变法实际上是资产阶级和地主阶级在政治上的一次较量。此时,中国的资产阶级虽然已经形成,但是基础还非常薄弱,相比之下,封建统治阶级无论在经济基础还是上层建筑的各个方面都具有强大的势力,新兴的资产阶级是无法战胜封建的地主阶级的。同时,由于资产阶级的软弱,维新派认为"变之自上者顺而易,变之自下者逆而难",因此他们把变法的希望寄托在没有实权的光绪皇帝身上,还忽略了军队的支持。直到大难临头,维新派们才想起了兵权,还轻率地把赌注押到了袁世凯身上,结果被袁世凯出卖。

在戊戌变法的主力军中,大多数人都是和康有为一样的学子文人,他们虽然认识到了中国需要改变,但是,他们并没有做好充分的准备。要知道,在这个古老的国度里,随便一个小小的改变都有可能引发流血事件,更何况他们筹划的是改天换地的大事。

虽然维新变法坚持了一百零三天,但是,这次短短的变法却在中国近

光绪帝朝服像

代史上产生了重要的历史意义。维新派试图在政治上建立资产阶级君主立宪制，在经济上发展民族资本主义，符合历史发展趋势。变法爱国人士希望通过改革，使中国走向独立、民主和富强，从而摆脱帝国主义列强的侵略，他们表现出了强烈的爱国热情，激发了人民的爱国思想和民族意识。此外，维新变法对封建思想进行了猛烈的抨击，为近代思想启蒙运动的蓬勃兴起开辟了道路，促进了中国人民的觉醒，大大提高了全社会的民主意识和参政意识，也极大地改变了中国思想文化界的面貌。

梁启超像

推翻封建制度的先锋——孙中山

在中国五千年的文明史上,有超过两千年时间是被封建文明所统治的。当西方诸多国家开始资产阶级革命的时候,中国却还在封建制度中挣扎。直到西方列强的坚船利炮轰开了古老中国的大门时,才有人意识到,原来我们已经如此落后了。于是,一批人开始觉醒,他们开始为了中国的富强而不懈探索。在经历了洋务派和维新派的失利之后,一些先进人物走上了革命的道路。在这些革命者里面,一个名叫孙文的革命者逐渐成为了革命者们的领袖。

孙中山(1866年—1925年),本名孙文,幼名帝象,1866年11月12日出生于广东香山翠亨村的一个普通的农户家中。据说,在孙中山出生的时候,迷信风水算命的孙父便找来了算命先生为孙中山算命。算命先生见孙中山生得天庭饱满,两眼圆睁睁,十分可爱,便按八字念念有词地掐算起来,突然,算命先生吃惊地对孙父说:"您的儿子命运非凡,虽然生在寻常之家,却有九五之尊之相,将来必定会荣登九五的。"于是,孙父便把孙中山的乳名取为"帝象",既与"帝相"谐音,又可作"像帝王"那样理解。由此可见孙父对孙中山抱有很高的期望。之后,孙父开始尽家里所有的力量来培养这个"未来的皇帝",所以孙中山从小便接受了很好的教育。孙父的迷信思想虽然应该批判,但它却让孙中山受益匪

孙中山像

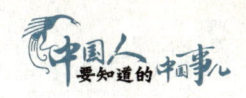

浅。生在普通农家,却能得到很好的教育;生在思想禁锢严重的封建王朝,心里却不畏惧封建皇权,这也算是意外收获。

当孙中山勤学苦读的时候,他的家乡发生了一件大事。有一次,村里的一个人得了病,可是他没有选择去看医生,而是请来了巫医为他们治病。结果,这个人的病情越来越严重,甚至差点连命都丢了,最后还是送到医生那里才治好的。见到巫医差点弄出人命来,孙中山非常愤怒,于是,他跑到山上,将供奉巫神的神像给砸了。从这件事来看,孙中山有着一颗敢于怀疑旧事物、推翻旧事物的心。

孙中山和中国近代史上很多政治人物一样,他对中国近代化事业的追求和他政治近代化思想的形成,都有一个过程。

1878年,时年十三岁的孙中山跟随母亲远赴重洋,来到檀香山(即美国夏威夷州的火奴鲁鲁)探望哥哥孙眉,并在当地学校就读,开始接受西方资产阶级的教育。这次在西方求学的经历开阔了孙中山的眼界,对他的思想发展产生了积极影响。正如他后来所说:"始见轮舟之奇,沧海之阔,自是有慕西学之心,穷天地之想。"

在檀香山学习了五年之后,孙中山回到了广州,就读于广州南华医学堂和香港西医书院。在南华医学堂学习期间,孙中山经常跟好友陈少白、尤列、杨鹤龄三人一起抨击朝廷,议论时政,被周围的人称为"四大寇"。1892年,孙中山以优异的成绩毕业于香港西医书院,开始在澳门、广州等地行医济世。

看到中国的民族危机越来越严重,孙中山非常着急。1894年,孙中山向当时的北洋大臣李鸿章上书谏言,即《上李鸿章万言书》。在谏言书中,孙中山提出"人能尽其才,地能尽其利,物能尽其用,货能畅其流"的改革主张,提出以西方国家为楷模,实行改革,使中国独立富强起来。但是,孙中山提出的合理建议竟然被李鸿章断然拒绝。加上受到甲午中日战争的刺激,孙中山开始放弃对清政府的幻想,走上革命的道路。

1894年11月,孙中山从上海去了檀香山,在那里组织了中国第一个资产阶级政治团体兴中会。兴中会以"亟拯斯民于水火,切扶大厦之将倾"、"振兴中华,维持团体"为宗旨,明确提出了"驱除鞑虏,恢复中华,创立合众政府"的革命纲领。1895年2月,孙中山联合香港的爱国知识分子组织辅仁文社，建立香港兴中会；同年10月，兴中会密谋在广州起义，但是由于经验不足，兴中会的首次起义还没有发动，就因为消息走漏而宣告失败。陆皓东等同志被清政府逮捕，孙中山被迫亡命海外。

在海外流亡的日子里，孙中山并没有停下自己革命的脚步。在此期间，孙中山详细地考察研究欧美各国的经济、政治状况，钻研了多种流派的政治学说，并广泛地与欧美各国的进步人士接触，慢慢形成了自己具有特色的民生主义理论，三民主义思想由此初步形成。

孙中山和夫人宋庆龄

戊戌变法以后，孙中山曾与康有为、梁启超为代表的维新派商谈过合作问题，但因维新派坚持保皇、反对革命，合作未能实现。1904年，孙中山在日本、美国的檀香山、越南、暹(xiān)罗（即泰国）、美国等地向华侨及留学生宣传革命，随后在留学生中建立了革命团体，并与国内的革命团体和革命志士建立了联系。

1905年，由日本人内田良平牵线，孙中山结识了黄兴、宋教仁等革命斗士。他们在经过多次交流之后，决定将兴中会、华兴会、青年会等一些爱国组织合并，组成一个更大的爱国团体。就这样，具有重大历史意义的中国同盟会在日本东京成立了。孙中山被推为同盟会总理，大会上，孙中山等人确定了"驱除鞑虏，恢复中华，建立民国，平均地权"的革命纲领，并将华兴会机关刊物《二十世纪之支那》改组为《民报》，在发刊词首次提出"三民主义"学说。同盟会的成立，有力地促进了全国革命运动的发展。

同盟会成立后，孙中山派人到国内外各地发展组织、宣传革命，并与康有为、梁启超等保皇派发生了激烈论战。在此过程中，孙中山等人对封建君主专制的危害认识得更加清楚了，这更坚定了他们的革命决心，为辛亥革命的爆发做了充分的思想准备。

1906年到1911年期间，同盟会在华南各地组织了多次武装起义，孙中山为起义制定战略方针，但起义都因缺乏群众基础、组织不够严密而失败，但革命党人前仆后继，坚持不懈地战斗，给清政府以沉重打击，给全国人民以极大的鼓舞。

1911年10月10日，革命党人成功地发动了具有划时代意义的武昌起义，各省纷纷响应。随着起义的胜利，资产阶级革命的洪流最终冲垮了清王朝的统治。在美国得知消息后，孙中山12月下旬回国，随后被十七省代表推举为中华民国临时大总统。1912年1月1日，孙中山在南京宣布就任中华民国临时大总统，组成中华民国临时政府。孙中山为之奋斗了多年的资产阶级共和国建立了起来。1912年2月12日，宣统帝溥仪被迫宣布退位，结束了统治中国长达两千多年的君主专制制度。

但是，由于袁世凯篡夺了革命的胜利果实，孙中山的政治近代化实践严重受挫，中华民国只剩下一块招牌。1912年2月，孙中山辞去大总统职务后，积极宣传民生主义，号召实行平均地权，提倡兴办实业，还力图筹借外资修筑铁路干线，决心要在十年内建设铁路二十万里。但因实权掌握在袁世凯的手中，孙中山的努力并未取得成果。1912年8月，同盟会改组为国民党，孙中山被推举为理事长。正当孙中山为民国建设奔走之际，袁世凯为巩固其独裁统治，于1913年3月刺杀国民党代理理事长宋教仁，至此，孙中山认清了袁世凯的反动面目，主张武力讨袁，于7月发动了二次革命，但革命很快以失败告终。二次革命失败后，孙中山再度流亡日本。

袁世凯于1915年底悍然称帝的倒行逆施，激起了全国人民的反对，蔡锷等人在云南组织护国军，掀起了声势浩大的讨袁运动。1916年3月，袁世凯被迫取消帝制，很快病死。袁世凯死后，段祺瑞继承了他的事业，1917年7月，段祺瑞为首的北洋军阀解散国会并废弃《临时约法》。面对这种情况，孙中山联合西南军阀，在广州建立军政府，孙中山被推举为大元帅，进行护法运动。但南北军阀实际是一丘之貉，孙中山在军政府内备受军阀、政客的排挤，很快便被迫辞去大元帅的职务。1918年5月，孙中山愤然辞职后，他在辞职通电中沉痛地指出，军阀"南与北如一丘之貉"。

护法运动失败后，孙中山颇为受挫。1917年俄国十月革命胜利，1919

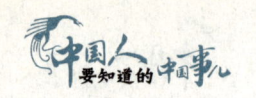

年五四运动爆发,孙中山又看到了新的希望,他一面从事著述,总结斗争经验,寻求新的革命道路;一面积极筹划,继续同军阀斗争。

1921年5月5日,孙中山在广州就任非常大总统,成立革命政府,接着便出师广西,消灭了桂系军阀陆荣廷的势力,准备以两广为根据地北伐。但是,广州政权处在军阀包围之中,极不稳定。1922年6月,粤军头领陈炯明勾结直系军阀,在广州发动叛乱,孙中山被迫回到上海。

遭受挫折的孙中山认识到了接受帮助的重要性,他决心接受共产国际和中国共产党的帮助,欢迎李大钊等共产党人以个人身份加入中国国民党。从1922年8月起,中国共产党派人多次同孙中山会见,苏俄特使越飞也多次和孙中山进行会谈。1923年1月,孙中山与苏联代表越飞发表《孙文越飞宣言》,奠定了联俄政策的基础,孙中山真诚地接受国际工人阶级和中国工人阶级的帮助,开始了他一生中伟大的转变。

1924年1月,孙中山主持召开中国国民党第一次全国代表大会,确立了联俄、联共、扶助农工三大政策,并在《中国国民党第一次全国代表大会宣言》中重新解释了三民主义,充实了反帝、反封建的内容。改组后的国民党壮大了力量,在孙中山的领导下坚决地镇压了广州商团叛乱,并在争取关余(关余是中国近代海关史上的一个特殊名词,指海关税收余款或海关税收盈余)的过程中同英帝国主义展开坚决的斗争。

1924年11月,孙中山应邀北上,主张召开国民会议和废除不平等条约。1925年3月12日,孙中山因病在北京逝世。

纵观其一生,孙中山是中国近现代史上一位功不可没的伟人,他是民族资产阶级成员中最杰出的代表人物。他顺应了时代的潮流,在资产阶级民主革命需要他时挺身而出,又在革命遇到挫折,需要转变思想时及时转变自己的思想。毛泽东曾在其《新民主主义论》中指出:"孙中山先生之所以伟大,不但因为他领导了伟大的辛亥革命,而且因为他能够'适乎世界之潮流,合乎人群之需要',提出了联俄、联共、扶助农工三大革命政策,对三民主义作了新的解释,树立了三大政策的新三民主义。"可以说,中国之所以能够从黑暗走向光明,从落后走向先进,孙中山是重要的功臣之一。

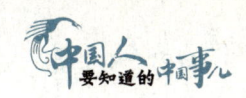

民族之魂鲁迅

在近代中国，无数仁人志士向腐朽黑暗的封建制度发起了攻击，他们中的大多数人选择了拿起枪炮对黑暗政权进行抨击，而一些文人则拿起了属于自己的武器——笔。他们用自己的笔杆子对黑暗的封建官僚制度进行了抨击和揭露，让世人更清楚地了解了这些官僚的丑恶嘴脸。在这些以笔为武器的勇士当中，鲁迅是重要的代表人物之一。

鲁迅（1881年—1936年），十七岁前曾用名周樟寿，后改名周树人，字豫才、豫山、豫亭，浙江绍兴人，中国近代伟大的文学家、思想家和革命家。在五四运动期间，周树人以"鲁迅"为笔名，站在了舆论斗争的最前沿，因为在这一时期，周树人对中国思想文化的影响非常大，所以后来人们便习惯地称之为鲁迅。

1881年，鲁迅生于浙江绍兴东昌坊口一个旧式官僚家庭，鲁迅的祖父周福清在同治年间在京为官，父亲周伯宜是一名秀才。生于这样一个书香门第，鲁迅的童年是非常快乐的，生活在富裕家庭的他衣食无忧，还有很多时间去做自己喜欢做的事情。孩童时代，鲁迅就读于私塾三味书屋。在三味书屋学习期间，鲁迅勤学好问，课余喜欢读野史笔记及民间文学书籍，打下了坚实的文学基础。对于用于科举取士的八股文，鲁迅并不喜欢，他喜欢的是中华五千年文明中诸多先贤的道德文

鲁迅像

章，这些文章对鲁迅的思想有极大的影响，也使得鲁迅并不像那些八股学子思想那么僵化，他对事物总是有着独到的见解。

生在封建官僚家庭中，鲁迅怎么会对封建制度如此痛恨呢？原来，在鲁迅正享受美好时光的时候，周家遭遇了一场大变故。光绪十九年（1893年），鲁迅的祖父周福清因为科举舞弊案而被革职下狱，此时，鲁迅才十三岁。祖父周福清被判"斩监候"，入狱八年，周家每年都要花大笔钱为周福清保命，于是家道开始衰落。而且祖父入狱后，许多官吏开始对周家进行打击报复，而鲁迅的父亲也在此次劫难中身患重病，最终不幸病逝。鲁迅从一个富家少爷变成了一个破落子弟。在这个过程中，鲁迅尝尽了世间的人情冷暖，世态炎凉。也正是这一遭遇，使鲁迅这位曾经的封建富家子弟真正看清了那些官吏的"真面目"，看清了封建制度的"真面目"。

1898年春，十七岁的鲁迅考入了江南水师学堂学习，但是，令他没有想到的是，在这个著名的学堂中，竟然也充满了乌烟瘴气。鲁迅深知，在这种地方是无法学到东西的，于是他在第二年转入了江南陆师学堂附设的矿务铁路学堂。在铁路学堂，鲁迅开始接触到了西方自然科学和社会科学。在这里，鲁迅在维新思潮和进化论学说的熏陶之下，终于明白"将来必胜于过去，青年必胜于老人"。

1902年，鲁迅因为学习成绩优异，被官派赴日本留学。在日本留学期间，鲁迅先进入东京弘文学院学习日语，之后又进入仙台医学专门学校学习医学。在这段时间里，鲁迅和一些资产阶级革命分子有了广泛的接触，并因此深受资产阶级民主革命浪潮的影响。后来，鲁迅积极投身于反清革命的洪流之中，立下了"寄意寒星荃不察，我以我血荐轩辕"的誓言。在经过资产阶级革命热情的熏陶之后，鲁迅觉得，自己学习的医术对于现在的中国人民来说是没有多大用处的，现在的国民，其实得的是心病，他们的心已经麻木了，单纯的医术只能治愈他们的身体，却无法治愈他们的心灵。要想治好祖国的人民，就必须先去治疗他们那已经麻木的内心，于是鲁迅毅然选择了弃医从文，迈出了人生道路上具有决定意义的一步，他以笔作为"手术刀"，开始了挽救国人的历程。

鲁迅参与筹办了文艺杂志《新生》，并撰写了《人之历史》、《科学史教篇》、《文化偏至论》等重要论文。在文章中，鲁迅认为：中国的严重问题在于人,不在于物;在于精神,不在于物质;在于个性,不在于"众人";要"立国",必先"立人",而"立人"的关键,在于个性的觉醒与精神的振奋。

回到祖国之后,鲁迅先在杭州的浙江两级师范学堂执教,担任初级师范的化学教员和优级师范的生理卫生教员。之后,鲁迅又回到故乡绍兴,担任绍兴府中学堂监学、山会初级师范学堂监督。鲁迅一方面教书育人,培养青年人才,另一方面积极投身于辛亥革命。之后,鲁迅接受蔡元培校长的邀请,前往北京大学任教,与北京学子一起和腐朽黑暗的封建旧思想作斗争。

当俄国十月革命胜利的消息传到中国后,鲁迅深受鼓舞,他与李大钊、陈独秀等先进知识分子一起,写文章,办杂志,传播新思想,揭开了中国五四运动的序幕。在反帝反封建的斗争中,鲁迅站在了队伍的最前列,他对封建旧文化、旧思想、旧道德进行了猛烈抨击,与此同时,他还积极提倡新文化、新思想、新道德,在思想界掀起了一股飓风。

1918年,鲁迅在《新青年》上发表了我国现代文学史上第一篇白话小说《狂人日记》,在这篇小说中,鲁迅无情地揭露了几千年来中国封建社会"吃人"的历史,发出了"救救孩子"的呼吁。并对封建礼教和封建宗法制度的罪恶进行了深刻披露。这是五四运动中彻底反封建的最强音,从此之后,鲁迅手中的笔变得越发锋利,他先后创作了《孔乙己》、《阿Q正传》等许多小说和大量杂文、随笔、评论。其中,《阿Q正传》是鲁迅小说中最具代表性的一部杰作,它成功塑造了阿Q这样一个生动不朽的典型形象,揭示出了中国的国民性弱点,总结了辛亥革命失败的历史教训,反映了处于长期封建统治下的农村和下层农民的愚昧现状。1923年,鲁迅将其《狂人日记》、《药》和《阿Q正传》等十四个短篇集为一辑出版,即第一本小说集《呐喊》。三年后,鲁迅又将《祝福》等十一个短篇集为一辑出版,即《彷徨》。

1927年10月,鲁迅和他的学生、爱人许广平抵达上海,并定居下来,集中精力从事革命文艺运动。1930年,中国左翼作家联盟成立,作为发起人和主要领导人的鲁迅先后主持编写了《萌芽》、《前哨》、《十字街头》、《译文》等重要文学期刊,并被迫参加了创造社、太阳社成员一手挑起的"革命文学"论战,在此期间,鲁迅有机会阅读并翻译介绍了一批马克思主义文艺理论的书籍,受益匪浅,其思想发生了一个根本性的飞跃。鲁迅认识到,"一切文化,都是历来的无名氏所逐渐的造成",即文化起源于劳动,人民群众是文化的创造者,因此,鲁迅坚定地认为:"惟新兴的无产者才有未来!"

1936年10月19日,这位中国文化革命的主将、新文化运动的旗手鲁迅永远地闭上了眼睛。上万人自觉地为鲁迅先生举行了庄严的葬礼,在鲁迅的棺材盖上,民众代表为其盖上了"民族魂"的大旗,这是民众对这位为中华民族的新生而奋斗终身的文学巨匠的最高、最恰当的评价。

改变历史进程的少帅张学良

张学良1901年6月3日（农历四月十七日）出生于辽宁省台安县九间乡鄂家村张家堡屯（旧称桑子林詹家窝铺），是奉系军阀首领张作霖的长子，人称"少帅"，他风流倜傥，是民国四大美男子之一。

张学良的父亲张作霖出身贫苦农家，后成为北洋军奉系首领，是"北洋政府"最后一个掌权者，号称"东北王"，凭借数十万精兵，独占一方。张作霖希望自己的长子张学良能够将家业发扬光大，但是张学良少年时期却"无所不为"、"任性放荡"。直到十六岁时，张学良听了南开大学校长张伯苓的演讲《中国之希望》，之后他才开始走上爱国救国的道路。十九岁时，张学良顺从父亲的意思，考入东三省陆军讲武堂，开始了他的军旅生涯。出于孝道和军人服从命令听指挥的使命感，张学良曾参与了奉直、奉皖等军阀间的战争，张学良日后曾多次表示，这是他当时不得已而为之的。

1928年6月4日（农历四月十七日），因为张作霖没有满足日本在东北的侵略要求，他在乘坐专列经过京奉、南满铁路交叉处的三孔桥时，被日本关东军预埋的炸药炸成重伤，当日送回沈阳官邸后即死去。因为爆炸事件发生在皇姑屯火车站以东，史称"皇姑屯事件"。张学良的生日和父亲遇难的日子是农历的同一天，所以张学良从来不在这一天过生日。

张作霖死后，张学良临危受命，承继

张学良像

父业，成为了东三省保安总司令。此时是一个民族危亡的历史关头，日本帝国主义虎视眈眈，想征服东北，进而征服中国。满怀一腔爱国热情，肩负国仇家恨，张学良对日本帝国主义恨之入骨，所以，张学良上任后不久，便于1928年12月29日发表易帜通电，宣布从即日起服从国民政府，遵守三民主义。此时，张学良只有二十八岁。

　　1931年9月18日，日本悍然发动了震惊中外的"九一八事变"，开始对我国东北三省进行大规模侵略。在国家领土遭到侵略，国家尊严遭到践踏的时候，当时国民政府最高统帅蒋介石却对张学良下达了不抵抗的命令。在张学良率领东北军撤出东北后不久，东北三省落入了日寇的手中。从此之后，东北百姓只能在日寇的欺凌下过着艰难的生活。接受蒋介石命令撤出东北的张学良在看见国土沦丧、家乡百姓受辱的情形时，他的内心充满了懊悔，而这种懊悔也为后来的西安事变埋下了伏笔。

　　"九一八事变"之后，东北军被调往西北"剿共"，张学良被任命为"西北剿匪"副总司令，到西北与红军作战。在这外帝入侵的时刻，张学良对内战十分厌烦，作战态度十分消极，在战争中多次失利。张学良消极的态度让蒋介石很不满，于是，曾经的结拜兄弟变得越来越陌生。

　　1935年年末，中国共产党发表了《为告进攻陕甘苏区与红军的各部白军长官及士兵兄弟宣言》，在宣言中，中国共产党表示了希望和国民党共同抗日、挽救民族危亡的意向。瓦窑堡会议后，中共中央发出了建立抗日民族统一战线的号召，并开始积极和国民党以及其他社会团体协商抗日事宜。张学良就是共产党的重点接触对象。

　　在共产党人的影响下，张学良萌生了以西北地区为基地，另立局面进行长期抗日的想法。张学良和杨虎城都慢慢认识到，"剿共"是条错误道路，只有停止内战，联共抗日，才能救亡图存，因此产生了联共抗日的决心。作为陕西代表人物的杨虎城在第一次国内革命战争时期就与共产党有过合作，双方的关系非常密切，于是，中共代表分别与张学良、杨虎城就联合抗日问题多次进行商谈。

　　面对剿共不利的张学良与杨虎城，蒋介石十分恼怒。1936年10月，蒋介石亲自跑到西安，进一步逼迫张学良、杨虎城加大"剿共"力度。张学良向蒋介石提出了质疑，他陈述了日本人的危害，并提出和共产党握手言和、建立统一战线、联合抗日的主张。但是，蒋介石却非常坚决地拒绝了张学良的提议，并愤怒地告诉他："攘外必先安内，内患不除，怎么能有精力解决外侮呢？"之后，日本人越来越嚣张，中国的局势也越来越严峻。国民党内部的许多人也发出了停止内战的号召。但是，蒋介石却依然坚持着自己的"剿共"政策。对于蒋介石的固执，张学良非常恼怒，于是，他和杨虎城经过多次商议之后，决定实行"兵谏"。经过周密的部署，1936年12月12日清晨6时，张学良和杨虎城突然向蒋介石的官邸发动了攻击，制造了震惊世界的西安事变。在西安事变中，张学良和杨虎城扣押了蒋介石和随行的大批国民党政要，威逼蒋介石抗日。张杨两位将军发动的西安事变顺应了全国广大人民的抗日要求，得到了广大人民的热烈拥护。

西安事变发生后，中国共产党对张学良和杨虎城给予了极大支持。同时，西北各界救国联合会、东北民众救国会、全国学生救国联合会等组织也对两位将军的事迹做了宣传，并称他们是民族英雄。在随后的一段时间里，全国各地的抗日呼声越来越高，但全国各地人民支持张学良和杨虎城两位将军的抗日主张，就连海外华侨也发表声明支持他们的举措。但是，这个时候，以何应钦为首的亲日派以营救蒋介石为名义，在国内继续发动内战，妄图通过张学良和杨虎城将蒋介石逼上死路。但是，许多赞成抗日的将军却不断地给予张杨支持。

随着局势越来越紧张，中国共产党紧急召开会议，在经过多次讨论之后，毛泽东、周恩来等中共领导一致认为不应该和南京政府走向对立。于是，中国共产党派遣周恩来、叶剑英、秦邦宪、李克农等人前往西安协助张学良和杨虎城处理事变后的复杂问题。

1936年12月18日，中国共产党发出《关于西安事变致国民党中央电》，在致电中，中国共产党提出，"在蒋介石答应联合抗日后，中共会尽最大的努力保证蒋介石的安全，联蒋抗日"。之后，周恩来公开与蒋介石、陈成、宋子文等谈判调停。经过协商，国共双方就"停止内战，共同抗日"的问题初步达成了一致意见。同年12月24日，蒋介石当面向张学良做了承诺，同意中央军撤出西北，并发动全国力量共同抗日。至此，西安事变和平解决。

西安事变发生后，东北军、西北军内部出现了主张杀蒋和放蒋的争执，张学良和杨虎城二人都主张释放蒋介石。后来，张学良与杨虎城一道送蒋介石及宋氏兄妹上飞机，同时为了维护领袖威信，亲自随同护送蒋介石回南京。飞机抵达南京后，张学良即被军统特务监视。

后来，在蒋介石的指示下，国民党军事委员会下达了法丙字第17087号命令，委派李烈钧为军事法庭审判长，对张学良进行审判。军法会审判决"张学良首谋伙党，对于上官为暴行胁迫，减处有期徒刑十年，褫（chǐ）夺公权五年"。

西安事变对现代中国的历史走向有重要的影响，它直接促成了国共内战的结束，使得中国共产党摆脱了被围剿的困境，为全民抗战创造了契机，中国也由此实现了由内战到抗日战争的历史转折。只可惜，爱国将领张学良却无法亲临抗日战场，一报国恨家仇。虽然期间中国共产党曾经向国民党提出了释放张学良的要求，但是没有成功。直到1988年蒋经国逝世后，张学良才逐渐获得人身自由。

张学良前半生叱咤风云，在被囚禁之后，他又表现得从容淡定，经历了大起大落依然能从容面对，实乃大家风范。不论何时，中国人民都不会忘记张学良这位改变历史进程的功臣。